国际中文教学资源论

◎ 梁宇 著

天津社会科学院出版社

图书在版编目（CIP）数据

国际中文教学资源论 / 梁宇著. -- 天津 ：天津社会科学院出版社，2024. 10. -- ISBN 978-7-5563-1051-7

Ⅰ. H195.3

中国国家版本馆 CIP 数据核字第 20248XR857 号

国际中文教学资源论

GUOJI ZHONGWEN JIAOXUE ZIYUANLUN

选题策划： 韩　鹏
责任编辑： 付聿炜
装帧设计： 齐　珏
出版发行： 天津社会科学院出版社
地　　址： 天津市南开区迎水道 7 号
邮　　编： 300191
电　　话：（022）23360165
印　　刷： 天津市宏博盛达印刷有限公司
开　　本： 710×1000　　1/16
印　　张： 14
字　　数： 186 千字
版　　次： 2024 年 10 月第 1 版　　 2024 年 10 月第 1 次印刷
定　　价： 78.00 元

前　言

国际中文教学资源具有教授中文与传播中华文化的基础功能。它承载着中国语言文字和中华文化的教学内容,在实现教学目标、体现教学设计、规划教学过程、构建教学模式以及影响教学效果等方面发挥着重要作用,成为外国学习者学习中文、了解中华文化,进而理解中国的重要窗口。

近年来,随着中国国际地位逐渐上升,对外交往和国际合作不断加深,海外中文学习需求日益增长,国际中文教学资源建设的拓展功能得以凸显,主要表现在三方面:一是配合国家外交大局。国际中文教学资源建设作为教育领域国际交流与合作的重要内容之一,在深化全球伙伴关系的进程中,为促进中外人文交流发挥着积极作用。为配合我国与阿拉伯国家外交关系升级、支持中文纳入阿拉伯国家国民教育体系而构建的"阿拉伯语区中文教学资源服务体系",以及为推动"一带一路"建设、满足中国"走出去"企业本土人才培养需求而构筑的"中文＋职业技能"教学资源服务体系,都是这方面的典型案例。二是促进国际中文教育提质增效。据统计,截至2023年底,我国发布不同类型的国际中文教育标准48部,海外已有36个国家和地区颁布了113部中文教育标准。全球中文教材总量达21653种,数字资源的形态进一步丰富,人工智能、区块链等关键技术持续融入。国际中文教学资源建设通过标准体系完善、资源充足供给、数智融合创新,成为国际中文教育提质增效的重要引擎。三是推动国际中文教育"三大体系"构建。近70年的国际中文教学资源建设的实践表明,教学资源在结构和体系上的扩充优化,在理念和教法上的鼎新精进,在内容和形式上的创新求异,对完善学科知识体系、深化基础理论研究、提升对外话语阐释能力产生了深远影响,成为推动国际中文教育学科体系、学术体系和话语体系构建与完善的动力源泉。

本书《国际中文教学资源论》旨在系统梳理和分析国际中文教学资源的各个方面,以期为国际中文教育的可持续发展提供理论支持和实践指导。本书共分为七章,涵盖了国际中文教学资源本体研究、文献计量研究、建设研究、编写研究、供求研究、评价研究以及区域国别研究等多个方面。第一章至第三章从理论层面探讨了国际中文教学资源的内涵、属性、功能、分类以及建设现状,为后续的深入研究奠定了坚实的基础。第四章至第六章则聚焦于国际中文教学资源的编写、供求和评价,通过实证研究的方法,深入分析了当前国际中文教学资源存在的问题和挑战,并提出了相应的改进策略和建议。第七章则针对东南亚和泰国等特定区域和国家的中文教学资源进行了深入研究,以期为我国在这些区域和国家的中文教育推广提供有益的参考。

在编写过程中,我们力求做到以下几点:一是全面系统,尽可能涵盖国际中文教学资源的各个方面;二是理论与实践相结合,既有深入的理论探讨,也有丰富的实证研究;三是注重国际视野,广泛吸收和借鉴国际上的先进经验和做法;四是注重实用性,提出的策略和建议具有针对性和可操作性。

我们期望本书能为广大国际中文教育工作者、研究者、政策制定者以及教学资源开发者提供参考和借鉴,共同推动国际中文教育事业的繁荣发展。同时,我们也希望本书能够激发更多人对国际中文教学资源的关注和研究,为国际中文教学资源建设与研究贡献智慧和力量。

最后,我们要感谢所有为本书编写提供支持和帮助的人,包括北京语言大学国际中文教育研究院硕士研究生李颖同学、天津市文联齐珏老师和天津社会科学院出版社的领导和编辑,没有他们的辛勤付出和无私奉献,本书是无法完成

的。我们也期待未来能够有更多的学者和专家加入到国际中文教学资源的研究
中来，共同推动这一领域的深入发展。对于书中的不足之处，也恭请广大读者批
评、指正。

梁　宇

北京语言大学

2024 年 10 月

目　　录

第一章　国际中文教学资源本体研究 ················· 1

第一节　国际中文教学资源的内涵与外延 ················· 1

第二节　国际中文教学资源的属性与功能 ················· 5

第三节　国际中文教学资源的分类与范畴 ················· 11

第二章　国际中文教学资源文献计量研究 ················· 15

第一节　国际中文教材的文献计量 ················· 15

第二节　国际中文数字资源的文献计量 ················· 29

第三章　国际中文教学资源建设研究 ················· 45

第一节　国际中文教学资源建设现状与展望 ················· 45

第二节　孔子学院教学资源建设现状与展望 ················· 54

第三节　国际中文教材国家形象建设 ················· 70

第四章　国际中文教学资源编写研究 ················· 84

第一节　任务型国际中文教材编写 ················· 84

第二节　体验式国际中文教材编写 ·················· 98

第三节　美国少儿中文教学资源编写 ·················· 107

第五章　国际中文教学资源供求研究 ·················· 118

第一节　来华留学生中文教材的供求分析 ·················· 118

第二节　东南亚孔子学院教学资源的供求分析 ·················· 129

第六章　国际中文教学资源评价研究 ·················· 143

第一节　教师为评价者的国际中文教材评价 ·················· 143

第二节　学习者为评价者的国际中文教材评价 ·················· 158

第七章　区域国别中文教学资源研究 ·················· 170

第一节　东南亚中文教材发展评估与对策 ·················· 170

第二节　泰国中文教材本土化发展与启示 ·················· 187

参考文献 ·················· 197

第一章　国际中文教学资源本体研究

本体,即本然的状况或性质①。本体论是哲学的一个分支,揭示的是事物的本质。国际中文教学资源的本体研究是对国际中文教学资源本质的认识和理解,关注国际中文教学资源的概念、来源、属性、分类等基本问题。它不仅是国际中文教学资源理论体系的基础,也是开展一切国际中文教学资源研究的起点。

第一节　国际中文教学资源的内涵与外延

概念作为一种思维形式,具有内涵和外延双重属性。② 辨析国际中文教学资源的内涵和外延,可为我们在国际中文教学资源研究中所秉持的教学资源观奠定基础。

一、内涵诠释

内涵是指概念所反映的客观事物的本质属性。厘清国际中文教学资源的内

---

① 方克立主编《中国哲学大辞典》,中国社会科学出版社,1994,第 186 页。
② 邓卫编著《图书编校宝典》,新华出版社,2014,第 80 页。

涵有两个基本路向。

一是范畴路向:教科书→教材→教学资源→教育资源。教科书又称为课本,是按照教学大纲要求编写的,能系统地反映学科内容的教学用书。① 狭义的教材就是教科书,但广义的教材泛指教师指导学习者学习的一切教学材料,除了教科书以外,广义的教材还包括教师使用的教案、教师手册、教具、字词卡片等,也有学生使用的练习册、同步测试、同步阅读、汉字练习本等,这些也统称教辅材料。

教育资源是支持教学活动的各种资源,包括人类资源(如教师、学习者同伴、校外专家、家长等)和非人类资源(如各种教学媒体材料、教学媒体设备、教学设施以及社会教育性机构等)。② 有学者提出教学资源有显性和隐性之分,显性教学资源包括文字材料资源和网络多媒体资源,隐性教学资源涵盖知识与能力资源和方法与策略资源。③ 显然,人类、非人类资源比显性、隐性教学资源的范围更加宽泛,甚至已超出教学资源的范畴,扩展到教育资源的领域。

从术语的基本界定可以看出,教科书、教材、教学资源、教育资源是一个概念的连续系统,因其各有广义和狭义,四者界限十分模糊。但也可知,教科书是这组概念的重要核心。随着教育的进步和信息技术的飞速发展,教科书的形态不断发生变化,衍生物不断增多,逐渐形成了教学资源,乃至教育资源这一宽广的含义。四者也构成了层层包含的同心圆结构,即教科书为核心圈、教材为中层圈、教学资源为拓展圈、教育资源为外围圈(见图1-1)。在这一结构中,教科书是教材,而教材并非仅限于教科书;教材是教学资源,而教学资源并非仅限于教材,教育资源是教学资源的组成部分,而教育资源并非仅限于教学资源。

---

① 中国大百科全书编辑委员会:《中国大百科全书·教育》,中国大百科全书出版社,1985,第145页。

② 《教育学名词》学术在线. https://www.termonline.cn/。

③ 李泉、金香兰:《论国际汉语教学隐性资源及其开发》,《语言教学与研究》2014年第2期。

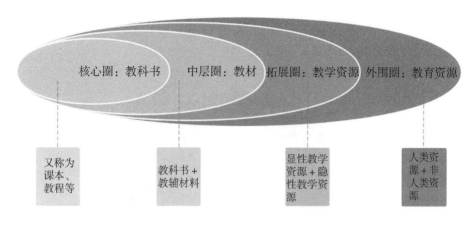

图 1-1　教学资源的范畴圈层图

二是学科路向:教学资源→第二语言(外语)教学资源→国际中文教学资源。教学资源是教育学领域的一个概念,适用于所有现代学科,即每个学科都有相应的教学资源。第二语言教学资源具有第二语言教学的性质,包括了英语、法语、德语等多个语种作为第二语言的教学资源。

国际中文教学资源是第二语言教学资源的一个分支,同样具有第二语言教学的性质,它是国际中文教育学科的专属概念,这就决定了它要符合国际中文教育的学科性质和专业特点。经过 70 余年的努力,国际中文教育肩负着学科和事业发展的双重使命,从对外汉语教学、汉语国际教育一路发展而来,于 2019 年末在首届国际中文教育大会上正式命名。2022 年 9 月发布的《研究生教育学科专业目录(2022)》中,原"汉语国际教育"专业学位类别更名为"国际中文教育"专业学位类别(代码:0453),并增设博士专业学位,国际中文教育的学科属性得以强化。郭熙和林瑀欢提出,国际中文教育是指中文在全球的传播与传承工作,它包括国内的对外汉语教学、海外的国际中文教学和海外华文教育。① 自此,国际中文教育"三领域说"受到学术界认可。但是我们应看到,三领域并非泾渭分明,特别是在教学资源建设和应用中,对外汉语教学资源、海外中文作为第二语言教

---

① 郭熙、林瑀欢:《明确"国际中文教育"的内涵和外延》,《中国社会科学报》2021 年 3 月 16 日。

学资源、海外华文教学资源共同构成国际中文教学资源体系,三大板块教学资源并存融合、相互促进、协同发展(见图1-2)。

图1-2 教学资源的学科圈层图

二、外延辨析

外延是指概念所反映的事物的范围。通俗地讲,外延是指"哪些是"和"哪些不是"。为此,本书所指的国际中义教学资源包括:

1.是一个当代意义(1949年—今)的概念,新中国成立之前来华外交使臣、在华传教士、汉学家、商务人士编制和使用的中文教学资源不在本书的研究范围内;

2.是指显性教学资源,包括纸质教学资源和数字教学资源两大部分,教师传授的知识、能力、方法、策略等隐性教学资源不在本书的研究范围内[①];

3.母语语文和民族语文教学资源不在本书的研究范围内;

4.主要是正式出版物,自编自用的教学资源不在本书的研究范围内。

---

① 隐性教学资源更多地体现在教师使用教学资源进行教学的过程中。隐性教学资源研究,也称为教学资源使用研究,是教学资源研究中非常重要的研究分支,笔者在本书中不对此专题进行深入探讨。

　　综上所述,从学科属性来看,国际中文教学资源是以国际中文学习者为教学对象,以中文和中华文化为核心教学内容,以培养学习者中文交际能力和跨文化交际能力为主要教学目标的中文作为第二语言教学资源。从资源形态来看,国际中文教学资源是纸质教学资源和数字教学资源的集合。纸质教学资源包括教科书、练习册、汉字本、读物、教师用书等,数字教学资源包括数字素材、数字教材、在线课程、数字应用等。

第二节　国际中文教学资源的属性与功能

　　学术界对教科书属性与功能的讨论较多。教科书作为教学资源的内核,它所拥有的属性与功能也必然是教学资源内在的、根本的性质和价值。而对国际中文教学资源特有的属性和功能进行探讨,有助于我们进一步加深对国际中文教学资源本质的理解。

一、一般属性与功能

　　教科书本体理论认为,教科书具有多维属性。曾天山指出:"教科书具有教学性、工具性、系统性、科学性、教育性、规范性、艺术性、实践性、发展性、民族性、国际性等一般属性,其中教学性是教科书的本质属性。"[1]也有学者提出,教科书是文化属性、政治属性、商品属性、教学属性的综合体。[2]

　　显然,国际中文教学资源也是多重属性的综合体,其中教育属性、教学属性、内容属性、物理属性受到广泛关注。教学资源的教育属性要求人们关注"培养什么样的人、如何培养人、为谁培养人"。教学资源集中体现了国家对教育教学的

---

[1]　曾天山:《教材论》,江西教育出版社,1997,第12-15页。
[2]　王攀峰、宋雅琴:《论教科书的内涵与属性》,《当代教育科学》2018年第1期。

总体要求,影响着学生世界观、人生观、价值观的塑造,发挥着立德树人的教育功能。教学属性是教学资源的根本属性,规范并制约着其他属性的表达。教学属性是指教学资源创编者以课程标准为基本依据,通过学科知识的教学论转换,使其文本具有教师能教会教、学生易学乐学的特点。① 教学属性在教学资源本体中的核心地位使得教学功能亦成为它在教学系统中的主要功能,集中体现在实现教学目标、落实课程规划、保障教学质量、促进学生全面发展、支持教师教学和职业成长等方面。内容属性呼唤人们思考"什么知识最有价值"。教学资源以结构化、系统化的方式集中呈现了萃取提纯后的学科知识,发挥着传授知识和技能的功能,回答一个学科"教什么、学什么、教多少、学多少、怎么教、怎么学"的重要问题。物理属性反映在教学资源的插图选配、版式(界面)设计、出版质量、资源链接等外在形式。教学资源的物化形态使之具有保存、积淀、传承知识的功能,以及使用和商业的价值。

国外第二语言教材研究领域对其功能、作用、角色、价值的讨论较为具体。Reza Gholami 等人简要回顾了过去几十年英语教材的积极作用②,我们对其进行了总结归纳(见表1-1)。

表1-1 国际上英语作为第二语言教材的功能研究

时间	教材的功能
1980—1989 年	◇关注学习者需求,节省时间和费用(O' Neill,1982) ◇作为有形元素,保证课程有效性(Dubin & Olshtain,1986) ◇确保教学一致性和可靠性(Prabhu,1987) ◇是课程的核心(Sheldon,1988) ◇提高学生的语言能力和交际能力(Sheldon,1987) ◇在英语课程中,是促进学习的最基本组成部分(Nunan,1988)

---

① 王攀峰、宋雅琴:《论教科书的内涵与属性》,《当代教育科学》2018 年第 1 期。

② Gholami,R.,Noordin,N. & Rafik-Galea,S. "A Thorough Scrutiny of ELT Textbook Evaluations:A Review Inquiry," *International Journal of Education and Literacy Studies*,2019,5(3):82-91.

续表

时间	教材的功能
1990—1999 年	◇组织教与学,达到学科学习的目的(Harmer,1991) ◇语言教与学的资源或指南(Asher,1994;Harmer,1991) ◇是资源而不仅是课本,是新手教师的培训工具,它的权威性体现在其内容的可靠性、有效性和由专家撰写的专业性上(Richards,1993) ◇是教育领域公认的核心组成部分,其缺失将导致教学条件的不完整。在教育教学过程中,教材发挥着不可或缺的基础作用,不仅为教师提供了有力支持,促进了新教学方法的引入,更为课程提供了必要的输入素材。此外,教材还是推动高效和持续教育变革的重要工具。它们能够有效地满足课堂内外各种学习场景下的多样化需求。对于外语教学而言,其教材更是语言教育中自我导向性学习的重要资源,为学生提供了丰富的模仿范例和多元观点,教材本身就是一部完整的教学大纲,并为新手教师提供了大量宝贵的教学资料(Hutchinson & Torres,1994) ◇在语言学习中占据基础地位,它不仅能够为学生提供必要的学习支持,还能激发他们的学习动力,提供丰富的刺激材料,并作为重要的参考资源(Brown,1995) ◇提供了教学框架,其中包含现成的文本、任务和语言内容课程大纲,为新手教师提供了极具实用价值的指导(Ur,1996) ◇是教学方法的实现者和决定者(Vassilakis,1997) ◇教材在教学过程中扮演着重要角色,它既是指导者,又是路线图,同时还是资源、培训师和权威代表,同时也在技能结构和意识形态传播方面发挥着关键作用。(Cortazzi & Jin,1999) ◇是工具、导师、向导和标准(Kulm,Roseman & Treistman,1999)

续表

时间	教材的功能
2000—2009 年	◇是文化大使,能够激发深入的文化讨论和辩论,还能促进信息的双向流动(Grey,2000) ◇是课程大纲、课程路线图(Graves,2000) ◇体现主题/话题内容和语言内容(Byrd,2001) ◇提供连贯性、系统性、内在逻辑性、知识延续性、学习过程的渐进性(Tomlinson,2001) ◇能够减少备课时间、提供现成活动(Garinger,2001) ◇确定教学思路和内容(McGrath,2002) ◇在社会规约化进程中扮演着重要角色(Richards & Renandya,2002) ◇是词汇的载体和来源(Thornnbury,2002;Catalán & Francisco,2008) ◇是教师以外对学生最为重要的输入源(Riazi,2003) ◇反映了源文化和文化价值观,同时也是国际语言的载体(Feng & Byram,2002;Aliakbari,2004) ◇是课堂语言输入的重要材料(Nooreen & Arshad,2005;Richards,2007;Murakami,2009) ◇是学生进行复习和知识巩固的参考资料(Mukundan,2004) ◇能够促进学习者与教师之间的互动,同时节省时间,指引课程方向,还给教师带来信心和安全感(Çakit,2006) ◇实现了从意图到课堂活动的转变(Schmidt,McKnight & Raizen,2007) ◇为学生和教师提供了框架,其中包含了进步方向和目标(Jeyachandra,2009) ◇为学生提供了英语范本(Murakami,2009)

续表

时间	教材的功能
2010—2017 年	◇语言输入的主要来源(Richards,2010) ◇教师实现课程目标、引导教学过程以及获取信息的重要框架和来源(Tok,2010) ◇教育的核心(Sarem et al. ,2013) ◇指导教师在课堂中传授教学内容,并为学生组织学习提供框架(Dalim & Mubarrak,2013) ◇是实施学校课程体系的最佳工具(Mahmood,2010) ◇指导教师设计课程和活动,并作为向学生系统、有效传授知识的来源(Ahour & Ahmadi, 2012; Karimi, Kargar & Behjat, 2015; Nazeer, Shah & Sarwat,2015; Naseem, Shah & Tabassum, 2015; Ghufron & Saleh, 2016a; Ghufron & Saleh,2016b) ◇是商品、政治议题和文化表征(Mohammadi & Abdi,2014) ◇其内容编排会对学生产生激励或挫败作用,但主要功能是支持学生和教师,为他们提供一致性的学习体验(Zohrabi,Sabouri & Kheradmand,2014) ◇涵盖教学目标、内容、学习活动以及学生和教师的角色(Richards & Rodgers,2014) ◇是不可或缺的教学资源,使教师能够帮助学生掌握包括外语在内的多个学科(Moghtadi,2014) ◇是正式和非正式教学中最重要的教学工具,也是学生自学时有效的辅助材料(Ahmed, Yaqoob & Yaqoob,2015) ◇在外语课程中发挥着多重作用,促进教学和学习(Ahmadi & Derakhshan,2016) ◇为学生学习第二语言提供辅助资源(Hamidi et al. ,2016) ◇促进教师的职业发展(Kraishan & Almaamah,2016) ◇对语言教学和学习具有非常深远的影响,为语言教学和学习提供了所需的内容和活动(Saadipour & Shakouri,2016) ◇制定外语教学政策时,需要识别各种因素,其中就包括教材(Aghagolzadeh & Davari,2017)

续表

时间	教材的功能
2010—2017 年	◇不仅是传授学科知识的工具,还承载着普遍和特定社区的价值观。是教与学的资源,包含一系列文本和图像,旨在达成特定的教育目标,传授知识、态度和行为(Gebregeorgis,2017) ◇影响学生学习的因素包括整体课程以及可用的课程资源,包括教材(Son & Diletti,2017) ◇教材是作出教学决策和判断的关键因素,同时也是学生的主要语言输入来源,没有合适的教材,教学环境将是不完善的(Besharati & Mazda-yasna,2017) ◇专为教学目的设计的人造材料,这些材料强调教授语言结构(语法和词汇是学习英语的主要部分)(Allehyani et al.,2017b) ◇是非母语者学习外语的最可靠资源(Klanawong,2017)

二、凸显属性与拓展功能

在国际中文教学资源研究领域,学术界通常从教材编写原则出发,对教学内容提出了应具有科学性、针对性、实用性、趣味性、系统性、时代性、交际性、规范性等基本属性的要求,并将前四者视为国际中文教学资源的重要性质,将科学性作为核心原则,认为针对性、实用性、趣味性、系统性均属于科学性的范围。[①] 也有学者从国际中文教材与教学系统组成要素的关系出发,提出国际中文教材对教学活动、学习者和教师的直接功能,以及对学科建设和中文国际传播的间接功能。[②]

如前文所述,教学资源具有教学性、工具性、系统性、科学性、教育性、规范性、艺术性、实践性、发展性、民族性、国际性等基本属性以及相对应的功能。这些属性和功能反映在不同学科的教学资源中会出现强弱之分。我们也试图在厘

①　孔子学院总部、国家汉办编制《〈国际汉语教师证书〉考试大纲解析》,人民教育出版社,2015,第106页。
②　梁宇:《国际中文教材评价理论与方法研究》,中央民族大学出版社,2015,第66-72页。

清一般学科教学资源和第二语言教学资源属性和功能的基础上,从更深层次探寻国际中文教学资源的"凸显属性"和"拓展功能"。

国际中文教学资源具有第二语言教学资源的性质,因而除了上述一般学科教学资源的通用属性以外,更加凸显实践性、民族性和国际性。国际中文教学资源强调实践性,教材编写以中文知识和技能训练为基础,以提高国际学生的语言综合运用能力为目标,具有为国际学生营造语境、提供语言交流机会、促进协商互动的实践性功能。国际中文教学资源反映了中华民族的语言和文化特色,以及民族历史和民族心理的样态,具有广泛而深刻的民族色彩。[①] 同时,因其使用者是外国人,也兼具了国际性,是一种跨国籍、跨语言、跨文化的外向型教学资源。国际中文教学资源在民族性与国际性的共同影响下,承载着向世界传播中华语言文字和文化的使命,这就要求教学资源建设既要突出汉语汉字和中华文化的特点,又要充分考虑资源的使用环境和国际学生的需求,以跨语言、跨文化的视角,用国际学生可接受的表达方式展示教学内容。语言与文化的国际传播功能在我国主导研发的国际中文教学资源中显得尤为重要。

第三节　国际中文教学资源的分类与范畴

国际中文教学资源的类型变化反映了学科发展的走向和趋势。了解国际中文教学资源的分类状况,有助于我们洞悉国际中文教学资源体系的建设水平,认识不同类型教学资源的特点和用途,也有助于我们在国际中文教学资源研究中明确分析对象。

一、国际中文纸质教学资源的类型

国际中文纸质教学资源包括国际中文教材和国际中文教辅材料两大部分。

---

① 李泉:《对外汉语教材通论》,商务印书馆,2012,第8－9页。

（一）国际中文教材的类型

国际中文教学的多样性决定了教材类型的多元复杂性。吴勇毅指出，国际中文教材可以从不同角度分成不同类别①。我们对其分类进行了补充完善，形成了表1-2所示的国际中文教材的分类体系。该体系涉及11个分类角度、50余种教材类型，每个教材类型的内容编写取向均有所不同，有的教材会兼具几种教材类型的特点，比如主题式儿童综合型教材，体现了教材在编写理念、适用对象和交际技能方面的特点。同时我们也应看到，该体系具有开放性，随着国际中文教学和课程类型的不断丰富，该体系还将随之扩充。该体系还具有基础性，它是国际中文教学资源分类体系中的主干体系。

表1-2　国际中文教材分类表

分类角度	具体类别
教学性质	汉语言本科教材、预科教材、长期进修教材、短期速成教材
学习者年龄	儿童教材、青少年教材、成人教材
学习阶段	小学教材、初中教材、高中教材、大学教材
学习方式	常规教材（课堂教材）、个别辅导教材、远程教学教材、自学教材
中文水平	零起点教材、初级教材、准中级教材、中级教材、中高级教材、高级教材
交际技能	综合教材、专项技能教材（听力教材、口语教材、阅读教材、写作教材、听说教材、读写教材、视听说教材）
语言要素	语音教材、词汇教材、语法教材、汉字教材
学习目标	语言教材、文化教材、国情教材、专门用途教材（"中文"+教材）
母语背景	通用教材、语别教材、国别教材、区域教材
学习环境	目的语环境教材（来华留学生教材、来华外交、企业人士教材）、非目的语环境教材（海外中文教材、华文教材）
编写理念	结构型教材、功能型教材、结构—功能型教材、结构—功能—文化型教材、主题型教材、情境型教材、任务型教材、内容型教材

---

① 吴勇毅：《对外汉语教学法》，商务印书馆，2012，第107-108页。

（二）国际中文教辅材料的类型

我国政府颁布的《中小学教辅材料管理办法》（以下简称《办法》）规定：中小学教辅材料是指"与教科书配套，供中小学生使用的各种学习辅导、考试辅导等出版物，包括：教科书同步练习类出版物，寒暑假作业类出版物，中小学习题、试卷类出版物，省级以上新闻出版行政主管部门认定的其他供中小学生使用的学习、考试辅导类出版物。其产品形态包括图书、报纸、期刊、音像制品、电子出版物等"。①《办法》对教辅材料的主要特征、适用对象、内容分类和形态进行了规定，其主要特征是与教科书配套，适用对象是中小学生，内容上主要分为练习类、作业类、试卷类，形态上有图书、报纸、期刊等。

国际中文教辅材料可以借鉴《办法》对中小学教辅材料的界定和分类，定义为：与教科书（主干教材）配套，供国际中文学习者和国际中文教师使用的各类教学辅助的纸质出版物。供学习者使用的教辅材料可分为练习类、作业类、试题类、读物类、工具类等，供教师使用的教辅材料有教案类、教具类等。

二、国际中文数字资源的类型

数字教学资源是指经过数字化处理，在计算机或网络上运用的教学资源，包括以文字、图片、音频、视频等形式呈现的课程资源和数字教材、数字图书、教学课件、教学案例、教学软件等②。中华人民共和国教育部发布的行业标准《数字教育资源基础分类代码》（JY/T 0644 – 2022）中对资源类型进行了细致的分类，分为学习网站、在线课程（微课、慕课、网校课程、其他在线课程）、数字教材、教育游戏、教学工具软件、虚拟仿真系统、教学案例（教学设计、课堂实录、任务工单、例题、其他教学案例）、教学课件、习题（试题）及测评系统［在线作业、在线试题、试卷、其他习题（试题）及测评系统］、数字图书馆资源、数字化场馆资源、教学素材、教学参考资料和教辅资料，以及其他14个大类。该分类同样适用于国际中文数

① 新闻出版广电总局 教育部 发展改革委关于印发《中小学教辅材料管理办法》的通知. http://www.gov.cn/gongbao/2016 – 01/18/content_5033913.htm。
② 中华人民共和国教育部办公厅：《国家教育数字化战略行动通用术语规范（第一辑）》，2022 年 7 月 15 日。

字资源的类型区分。

三、海外中文教学资源的类型

前文提到,国际中文教育从对外汉语教学和汉语国际教育中脱胎并逐步发展壮大,充分继承了前面两个阶段在教学资源建设方面的宝贵财富,形成了对外汉语教学资源、海外中文教学资源、海外华文教学资源三大板块。从三个板块构成可以看出,海外中文教学资源是国际中文教学资源的重要组成部分,这与我国文化"走出去"战略不无关系,我们需要借助中文教学资源这一重要载体助推中华文化更快更好地走向世界,因此海外中文教学资源不仅是当前资源建设的重点也是研究的热点。海外中文教学类型丰富多样,有学者提出可以从空间、场域、习得顺序、语言地位、教育目的、教育性质、技术应用、教学法等视角出发,构建国际中文教育类型划分参考框架①。该参考框架对海外中文教学资源的分类具有启示意义,我们按中文性质、教学内容、地域分布和官方认可四个角度将其细分为以下类别(见表1-3)。

表1-3 海外中文教学资源分类表

分类角度	具体类别
中文性质	第二语言教学资源、第三语言教学资源、华文(继承语)教学资源
教学内容	语言教学资源、文化教学资源、学科教学资源(如沉浸式项目)
地域分布	地区教学资源、国别教学资源、区域教学资源
官方认可	统编教学资源、市场化教学资源

---

① 刘帅奇、吴应辉:《国际中文教育类型体系构建》,《四川师范大学学报(社会科学版)》2024年第2期。

第二章　国际中文教学资源文献计量研究

以科学的研究活动和研究结果为对象而进行的再研究,又称为"元研究",是对研究本身的反思认识,其目的是阐述科学研究发展的内外规律,把握科学研究的整体特征。① 文献计量是开展"元研究"的重要途径。对国际中文教学资源研究文献进行计量分析,有助于加深对现有研究的认识,并在此基础上进一步思考未来的研究方向。

第一节　国际中文教材的文献计量

教材建设是国际中文教育发展的重要内容,教材研究又为教材建设提供学术滋养。多年来,国际中文教材研究已经形成一定规模,在国际中文教育研究中占据重要地位。截至目前,多位学者相继对不同时期的国际中文教材研究进行了"元研究":李泉对 1980—2000 年发表的 216 篇对外汉语教材研究进行了评

---

① 张道民:《元研究与反思方法及其在软科学研究中的地位和作用》,《中国软科学》1991 年第 3 期。

述①,盛译元、匡伟分析了2005—2011年370余篇汉语教材研究的状况与问题②,陈晓蕾综述了早期和21世纪以来的华文教材研究③,刘弘、蒋内利采用内容分析法,分析了2003—2012年603篇对外汉语教材研究的特点和趋势④,邵明明选取了1997—2016年418篇文献样本进行分类剖析⑤。上述文献不仅对一定时期内的中文教材研究状况进行了归纳总结,并且对未来的研究重点提出了方向性建议,具有启发意义。

2019年末,首届国际中文教育大会成功召开,标志着国际中文教育事业与学科发展迈入崭新阶段。在此时机,回顾40年(1980—2020年)国际中文教材研究的发展轨迹,勾勒该领域研究的基本面貌和总体特征,发现研究热点和前沿问题,进而探讨其发展趋势,可为今后国际中文教材研究提供有益参考。

一、研究方法与数据处理

文献计量学是应用数学、统计学等的方法对文献情报进行定量分析研究的科学。⑥ 学术期刊是展示学术成果、开展学术交流的重要平台。为此,利用中国学术期刊全文数据库(CAJD),以检索式"时间(不限—2020年) + 主题('汉语/中文/华文'并含'教材/课本/教程/教科书')"进行模糊检索,共得到1551篇文献,样本文献检索和数据统计时间为2021年8月。经人工筛选,剔除国内高校现代汉语教材、古代汉语教材等以汉语为母语或民族语教材的相关研究,以及会议通知、新闻、会议综述、博士论文简介等,最终得到有效样本文献1131篇。

然后,借助文献计量方法,从年度发文趋势、被引频次、高频关键词的历时变化、研究方法高频词变化、核心作者群、作者合作网络、核心研究机构群多个角

---

① 李泉:《近20年对外汉语教材编写和研究的基本情况述评》,《语言文字应用》2002年第3期。

② 盛译元、匡伟:《2005年以来国内汉语教材研究的现状与问题》,《哈尔滨学院学报》2012年第8期。

③ 陈晓蕾:《海外华文教材研究状况述评》,《海外华文教育》,2015年第2期。

④ 刘弘、蒋内利:《近十年对外汉语教材研究特点与趋势分析》,《国际汉语教学研究》2015年第1期。

⑤ 邵明明:《近二十年对外汉语教材研究综述》,《国际汉语教育(中英文)》2017年第1期。

⑥ 邱均平:《文献计量学》,武汉大学出版社,1985,第7-10页。

度,对国际中文教材研究的发展阶段、质量演变、热点变化、方法演进和核心实力四个方面进行计量分析,以期回应如下研究问题:四十年来国际中文教材研究呈现怎样的发展走势? 研究质量、研究热点、研究方法、研究实力的总体状况如何? 有什么演变特点?

二、研究结果与分析

（一）研究发展阶段

统计某学术领域的年度发文数量并绘制趋势图,可以全面考察该领域研究的发展状况,也可以作为划分研究阶段的依据。

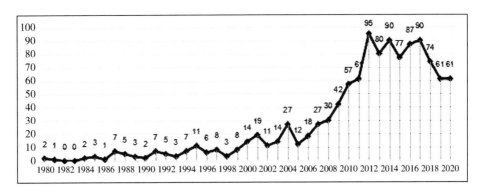

图 2 - 1　国际中文教材研究年度发文趋势图

图 2 - 1 展示了 1980—2020 年国际中文教材研究的年度发文情况,该领域研究可划分为三个发展阶段。一、初创探索期（1980—1999 年）,这一时期研究数量整体处于低位发展状态,共发文 84 篇,年均发表 4.2 篇。最早的文献是《语言教学与研究》于 1980 年第 4 期登载的两篇文章:《编写〈基础汉语课本〉的若干问题》①和《四十年代以来在美国所用的汉语汉文教材》②,从文章标题和内容可以看出,早期研究即开始关注教材编写与海外教材使用的问题。二、跨越发展期（2000—2012 年）,这一时期发文量连年攀升,共发文 427 篇,大约是前一个阶段

---

① 李培元、赵淑华、刘山等编《〈基础汉语课本〉的若干问题》,《语言教学与研究》1980 年第 4 期。
② 黄伯飞:《四十年代以来在美国所用的汉语汉文教材》,《语言教学与研究》1980 年第 4 期。

发文总量的 5 倍,年均发表 32.85 篇。国际中文教材研究数量的峰值出现在 2012 年,当年发文 95 篇。三、震荡平台期(2013—2020 年),这一时期共发文 620 篇,年均发表 77.5 篇,文献总量提高但增速放缓,而且近两年发文量有显著下降趋势,2019 年、2020 年的发文量回落至 61 篇。

(二)研究质量演变

被引频次直接体现一篇文献的研究质量、重要程度和影响力。被引频次越高,表明该文献在所属学术领域中研究质量越高、重要性越强、影响力越大,该文献作者具有更大的学术话语权。本节对各阶段年均发文量、篇均被引频次进行统计,结果如表 2-1 所示,三个阶段的发文量呈现持续上升的态势,但篇均被引频次却大幅度下降。

表 2-1　各阶段的文献被引频次变化

发展阶段	发文量 (篇)	年均发文量 (篇)	文献被引总量 (次)	篇均被引频次 (次)
初创探索期 (1980—1999 年)	84	4.2	11090	132.02
跨越发展期 (2000—2012 年)	427	32.85	23579	55.22
震荡平台期 (2013—2020 年)	620	77.5	4517	7.29
总计	1131	27.59	39186	34.65

我们将年度篇均被引频次绘制成趋势图(图 2-2),结合表 2-1 和图 2-2 可以发现:(1)初创探索期(1980—1999 年),年均发文量虽少,但篇均被引频次在 1984 年、1991 年、1994 年均呈现突增态势,我们将被引频次超过 100 次的文献定义为"高被引文献",初创探索期的高被引文献有 24 篇,占该时期发文量的 28.57%,其中很多高质量文献成为该学科的奠基性成果,如《论对外汉语教材评估》《对外汉语教材创新略论》被引量分别为 1742 次和 970 次,《新一代对外汉语

教材的展望——再谈汉语教材的编写原则》被引 957 次。（2）跨越发展期
（2000—2012 年），高被引文献共 52 篇，占该时期发文量的 12.18%，总量比前一
时期有所下降，但仍不乏高质量文献，如《近 20 年对外汉语教材编写和研究的基
本情况述评》《编写初级汉语教材的几个问题》被引量分别为 1032 次和 966 次。
这一时期的年度篇均被引频次变化幅度不大，反映出该时期文献质量相对平均，
总体稳定的特点。（3）震荡平台期（2013—2019 年），高被引文献有 4 篇，占比
0.65%，年度篇均被引量亦显低迷。4 篇高被引文献为：《汉语教材的"国别化"
问题探讨》《关于国际汉语教学"本土化"与"普适性"教材的理论探讨》《"一版多
本"与海外教材的本土化研究》《近十年对外汉语教材研究特点与趋势分析》，被
引量分别为 179 次、152 次、135 次和 105 次。

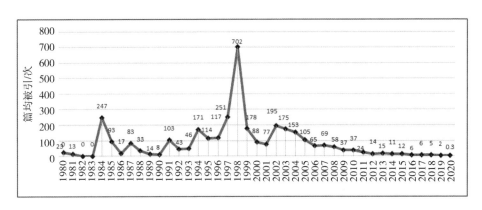

图 2-2　国际中文教材研究年度篇均被引趋势图

（三）研究热点变化

关键词体现一篇论文的中心概念，统计分析高频关键词可以考察该领域的
研究主题和研究热点。图 2-3 列出了样本文献前 20 位高频关键词，它体现了该
领域研究的四个重要研究主题：一是教材编写理论研究，包括教材针对性、交际
性、国别/本土（化）方面的探讨；二是教材内部要素研究，包括词汇、文化、语法、
练习、课文、话题等教材内部要素的编排研究；三是教材外部要素研究，外部要素
包含教学、学习者等关键词；四是不同类型教材研究，如初级、综合、口语、阅读、

商务等不同级别、不同类别的中文教材研究。

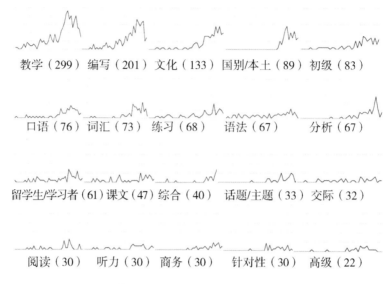

教学（299）编写（201）文化（133）国别/本土（89）初级（83）

口语（76）词汇（73）练习（68）语法（67）分析（67）

留学生/学习者（61）课文（47）综合（40）话题/主题（33）交际（32）

阅读（30）听力（30）商务（30）针对性（30）高级（22）

图 2-3　高频关键词（前 20 位）词频及其历时变化图

样本内高频关键词历时变化曲线可以反映该领域研究热点的变化特征（见图 2-3）。（1）在教材编写理论研究中，教材"针对性"研究于 20 世纪 90 年代兴起，在"世纪之交"成为研究热点，之后呈现下降走势。对"交际"的关注起始也较早，且持续性较强，2017 年的词频最高。教材"国别/本土（化）"研究起始于 2009 年，2017 年达到顶峰，是近 10 年的研究热点。（2）在教材内部要素研究中，"词汇""语法"研究起步于 20 世纪 80 年代初，"文化""练习""课文"研究紧随其后，"话题/主题"研究发端于 21 世纪初，在"词汇""课文"研究热点回落的同时，"语法""练习"研究热度不减，"文化""话题"研究不断升温。（3）在教材外部要素研究中，"学习者/留学生"是"永恒"热点，对"教学"的关注度越来越高。（4）在不同类型教材研究中，"初级""综合"教材研究较为稳健，"口语""阅读"技能教材研究早期受到重视，"商务"中文教材研究发轫于 21 世纪初，2017 年热度最高，代表了专门用途中文教材研究的兴起。

（四）研究方法演进

朱晓燕指出,研究论文的题目应体现一定的研究方法①。应用语言学研究方法可划分为两大类:实证研究和非实证研究,实证研究中又包括量化研究、质化研究和混合研究,非实证研究包括思辨研究、文献综述和书刊评介。② 我们利用ROST内容挖掘软件对样本文献的题目进行分词和词频统计,筛选出体现研究方法特点的词汇,"问题""论""思考""谈""探"代表非实证研究类型,"分析""比较""以……为例""调查""统计"代表实证研究类型,将二者的词频和占比进行比较,考察研究方法在不同时期的侧重及变化。

表 2-2　研究方法高频词词频及其占比变化

研究方法	高频词	初创探索期 (1980—1999)		跨越发展期 (2000—2012)		震荡平台期 (2013—2020)		总计	
		词频	占比	词频	占比	词频	占比	词频	占比
非实证研究	／								
	问题	17	2.00%	48	1.00%	55	0.80%	120	1.00%
	论	9	1.10%	44	0.90%	31	0.50%	84	0.70%
	思考	7	0.80%	24	0.50%	28	0.40%	59	0.50%
	谈	10	1.20%	25	0.50%	18	0.30%	53	0.40%
	探	2	0.20%	31	0.70%	44	0.70%	77	0.60%
	小计	45	5.40%	172	3.60%	176	2.60%	393	3.20%

---

① 朱晓燕:《外语教师如何开展小课题研究:实际操作指南》,外语教学与研究出版社,2013,第94页。

② 孟春国,陈莉萍:《走向多元融合的研究范式——中外应用语言学与外语教学期刊的载文分析》,《外语界》2015年第1期。

续表

研究方法	高频词	初创探索期 (1980—1999)		跨越发展期 (2000—2012)		震荡平台期 (2013—2020)		总计	
实证研究	分析	3	0.40%	45	1.00%	97	1.50%	145	1.20%
	比较	4	0.50%	16	0.30%	38	0.60%	58	0.50%
	以……例	1	0.10%	40	0.80%	109	1.60%	150	1.20%
	调查	0	0.00%	9	0.20%	16	0.20%	25	0.20%
	统计	1	0.10%	7	0.10%	6	0.10%	14	0.10%
	小计	9	1.10%	117	2.50%	266	4.00%	392	3.20%

表 2-2 所示,总体来看,实证研究(392 篇)与非实证研究(393 篇)的数量几乎持平。"以……例"的实证研究最多,共 150 篇,"分析"类实证研究紧随其后,共 145 篇。历时来看,非实证研究的比例逐渐降低,从初创探索期的 5.4%,到跨越发展期的 3.6%,降至震荡平台期的 2.6%;同时实证研究逐步增多,3 个时期分别占比 1.1%、2.5%、4.0%。总体来看,在初创探索期,以"……的问题"为题目的论文最多,共 17 篇;跨越发展期也是如此,有 48 篇,同时以"分析"为题的论文量增长很快,共 45 篇;震荡平台期中,以"以……例"(109 篇)和"分析"(97 篇)为题的论文最多;3 个时期以"调查""统计"为题的论文均最少。

(五)研究核心实力

核心作者群是指某学术领域中科研成果发表数量较多、科研能力较强的作者群体。在文献计量学中,综合指数法可用来测评某一领域的核心作者。该法主要运用两个指标:一是发文量(重要性评价),二是被引量(影响力评价)。[1] 按文献第一责任人统计,样本内文献作者共 891 名,运用普赖斯定律[2]计算,发表论

---

[1] 钟文娟:《基于普赖斯定律和综合指数法的核心著者测评——以〈图书馆建设〉为例》,《科技管理研究》2012 年第 2 期。

[2] 普赖斯(PRICE)定律认为:在同一主题中,半数的论文为一群高生产能力作者所撰,这一作者集合的数量上约等于全部作者总数的平方根。

文最多的作者是周小兵(23 篇),M≈4,即发表论文数 4 篇及 4 篇以上的作者可视为核心作者,符合该发文量要求的核心作者候选人有 21 名,累计发文 127 篇。样本内累计被引频次最多的作者为赵金铭,发文累计被引量 3434 次。根据普赖斯定律推算,作者累计文献被引频次有 59 次及 59 次以上的作者可视为核心作者,符合该被引量要求的核心作者候选人有 112 名。同时满足以上两个核心作者评价标准的作者共 16 人(表 2-3),构成了国际中文教材研究领域的核心作者群。上述 16 名核心作者于 1980—2020 年间共发文 103 篇,占样本总量的 9.11% ,103 篇文献累计被引频次 10934 次,占样本总被引频次的 27.9% 。核心作者群发文量和累计被引频次均未达到普赖斯定律的标准,可见,国际中文教材研究领域尚未形成稳定、成熟的核心作者群。

表 2-3 国际中文教材研究核心作者群

核心作者(发文量/累计被引量)
周小兵(23/986)、李泉(9/3225)、梁宇(10/76)、杨德峰(8/741)、金志军(6/64)、耿直(5/200)、刘弘(5/151)、罗春英(5/166)、胡晓慧(4/154)、李晓琪(4/154)、刘若云(4/127)、卢伟(4/299)、罗青松(4/138)、王若江(4/431)、张英(4/588)、赵金铭(4/3434)

1131 篇样本文献中,915 篇为独立作者,占样本总量的 80.9% ,216 篇为合作作者,占比 19.1% 。可见该领域以个体研究为主,合作研究很少。216 篇合作文献中,固定合作关系(合作发文量≥2)仅有 8 组,说明作者间缺乏稳固、持续的合作关系。发文量和累计被引频次均符合普赖斯定律的核心作者候选人参与的固定合作关系有 4 组,这表明核心作者更加重视合作研究的价值。

同样运用普赖斯定律计算后发现,发表论文数 6 篇及 6 篇以上的研究机构有 38 所,共发表论文 649 篇,占样本总量的 57.38% ,符合普赖斯定律,该领域已经形成了稳定、成熟的核心研究机构群。发文量前 10 位的机构依次为北京语言大学、北京大学、中山大学、厦门大学、暨南大学、北京师范大学、中国人民大学、《语言教学与研究》期刊社、华东师范大学、兰州大学。中国高校无疑是教材研究的核心力量。

三、总结与展望

(一)研究总量呈现"低缓、攀升、震荡、回落"的走势

根据发文量的年度变化特征,1980—2020 年,国际中文教材研究历经初创探索期(1980—1999)、跨越发展期(2000—2012)和震荡平台期(2013—2020)。三个时期的发文量分别为:84 篇、427 篇、620 篇,研究总量呈现"低缓、攀升、震荡、回落"的走势。这一方面与国际中文教材发展趋势基本一致,据全球汉语教材库统计,国际中文教材共有 10108 册/种,其中 2000 年以前出版的占 13.58%,2001—2005 年出版的占 22.55%,2006—2017 年出版的占 63.87%。① 另一方面,教材研究增多与我国学术期刊发展不无关系。据统计,初创探索期的载文期刊有 15 个,跨越发展期增至 180 个,震荡平台期有 212 个,不断增多的载文期刊为该领域研究提供了充分的展示空间。

(二)篇均被引频次显著下降

被引频次是体现期刊论文研究质量的重要指标。与研究数量增长相比,该领域篇均被引频次却呈现逐期下降的趋势:从初创探索期的 132.02 次,降至跨越发展期的 55.22 次和震荡平台期的 7.29 次。高被引文献在三个时期发文量中的占比也明显下滑,分别为 28.57%、12.18%、0.65%。虽然近年来该领域文献被引频次总体不高,主要与文献年限不够长,文献增多导致引用分散等因素有一定关系,但这也提示我们,该领域研究应进一步提高研究质量,避免产生"量多质低"的学术印象。

(三)四大研究主题突出

关键词能够体现某研究领域的知识结构和热点分布。通过样本文献的关键词计量分析可以看出,该领域的研究主题和热点演变呈现三个特点:第一,研究范围不断扩大,研究主题聚集效应不足。三个发展阶段中,文献的关键词总数分

---

① 周小兵、张哲、孙荣,等:《国际中文教材四十年发展概述》,《国际汉语教育(中英文)》2018 年第 4 期。

别为 305 个、564 个、722 个,可见研究范围越来越广。通过高频关键词归类分析得知,该领域研究已形成四个研究主题:教材编写理论研究、教材内部要素研究、教材外部要素研究、不同类型教材研究。而其他关键词虽多,但过于分散,向心性不强,没有形成更多具有稳定聚集效应的研究主题。第二,内部微观研究走强,外部宏观研究式微。教材内部要素的微观研究逐步增多,此类研究具有两个发展方向,一是从教材中词汇、语法、课文、练习等显性要素研究,向词汇本土适应性、语法教学模式、话语态度、练习有效性等深层、隐性要素研究延伸,二是从微观要素研究向"微微观"要素研究深入,如教材中的比字句、离合词、形近字、轻声注音等研究。相比之下,对与教材紧密相关的教育环境、使用者、课程大纲等外部宏观要素关注不够。第三,少量研究热点突出,热点类型不够丰富。由关键词变化可以看出,"国别/本土化"教材研究、教材中的"文化、话题"研究、"专门用途"教材研究成为近年来的研究热点,这与国际中文教育发展趋势存在内在关联性。对外汉语教学向国际中文教育转型,其突出特点就在于特别关注海外非目的语环境中的中文教学,因此中文教材的国别化、本土性问题成为研究焦点。国际中文教育承载着中文教学与文化传播的双重功能,文化传播日益受到重视,教材中文化内容的选取、编排、呈现、比较、态度等成为热门的研究选题。话题决定教学内容的选取,也是影响学习者学习兴趣的重要因素,"话题"研究逐渐受到关注。随着"一带一路"倡议的提出,"一带一路"共建国家"中文 + 职业技能"教学需求凸显,商务中文教材、医学中文教材等专门用途中文教材成为重点研究对象。

但总体来看,该领域的研究主题与热点仍不算多,关键词聚类情况并不理想,该领域尚有许多可以深入拓展且极具意义的研究选题,需要我们从"跨学科、跨领域"视角来探讨。第一,评价学视角。评价是对价值的判断,教材评价的实质则是在充分认识教材价值的基础上,判断其满足使用者需要的程度。国际中文教材评价理论、标准与实践研究仍处于探索阶段,与英语教材的评价研究相比,我们的研究成果还十分有限。第二,经济学视角。教材具有物质属性,是一种商品,应符合基本的经济学原理。以供求关系为例,实际上,我们目前对国际中文教材的"供给"和"需求"都掌握不足,这给相关政策制定以及中文产业发展造成一定困难,因此将经济学原理与方法融入教材研究,可开拓一片新天地。第三,传播学视角。教材体现国家形象,传播国家意志。从文化传播视角进行教材的中国形象研究、意识形态研究、价值取向研究具有学术前沿性,近年来,部分研究对教材中的国家形象、人物形象、城市形象等开展了初步研究,但如家庭形象、父母形象、教师形象、教育观、友谊观、成功观等选题仍有探索空间。第四,语言政策视角。语言政策影响课程设置、教材选用、教学方法及评测标准。随着越来越多国家将中文纳入其国民教育体系,教材建设成为稳固中文地位的重要手段之一,各国语言政策对教材建设有什么影响?教材建设如何适应各国语言政策环境、服务课程体系和师生教与学?如何推进"标准、课程、教学、教材、测试"一体化发展策略?这些问题亟须深入研究。

(四)实证研究明显增多

样本文献的题目中代表非实证研究的词频比例从初创探索期的 5.4%,降至震荡平台期的 2.6%,而实证研究的词频占比由 1.1% 增至 4.0%,可见国际中文教材研究方法从非实证研究向实证研究演进,这与国际应用语言学研究方法的发展趋势基本吻合,但也有所滞后。20 世纪 90 年代开始,应用语言学界强烈呼吁以材料为基础的研究,以量化研究为主的实证研究数量上升。[①]

统计发现,"分析"(1.2%)和"以……为例"(1.2%)在研究方法词汇中总词频最高,相关研究主要是对教材内容的研究,也可称为教材内部研究,是以教材内部构成要素或语言材料为研究对象,对内容信息进行提取、归类和分析,是一种描述性研究,也是目前最常见的教材研究类型。教材内部研究未来有两个重要发展方向:一是更广泛、更大规模地运用语料库,通过对教材海量文本的信息化处理,考察文本中的语言状况和教育功能;二是运用批判性话语分析的方法研

---

① 高一虹、李莉春、吕王君:《中、西应用语言学研究方法发展趋势》,《外语教学与研究》1999 年第 2 期。

究教材话语的社会功能,尤其是在构建意识形态和传承文化价值方面的作用。①
此外,样本文献中不乏对教材的外部研究,即对教材与教学情境、课程、大纲、使
用者以及教学系统内其他相关要素之间互动关系的研究。常见的研究方法既有
定量的问卷调查法,也有问卷与访谈相结合的混合研究法。教材外部研究未来
也有两个发展方向:一是对教材使用者(教师、学生、管理者、家长)多维度综合调
查研究;二是新型课程设置、教学模式、学习方式影响下的教材设计与应用。

　　总体来看,该领域使用的研究方法仍较为单一,未来研究可在"适用优先、多
元融合"的原则下尝试多种实证研究方法。在量化研究方面可以尝试以下两种
方法:一是教材实验法,如实验组和控制组使用两种不同教材进行教学,比较其
教学效果,对教材使用进行反思,对教材内容进行评价;二是大数据研究法,利用
网络爬虫技术抓取教材信息,建成数据库,多角度开展分析研究。在质化研究方
面可以尝试以下四种方法:一是历史研究法,该方法通过系统收集、整理教材史
料,诠释教材的历时演变,挖掘教材的历史意义。张美兰、于锦恩采用历史研究
法对明清、民国时期的汉语教材开展研究②,具有彰往察来的研究价值。二是行
动研究,它是一种系统的、反思性的探究活动,广泛应用于教学研究中。方丽娜
采用行动研究法,记录了 33 名新加坡大、中、小学教师编写教材的过程与教学心
得③,研究设计新颖独特。三是民族志研究法,该方法通过实地考察和访谈,了解
并分析教材情况,这是掌握海外中文教材需求和使用情况的重要方法。四是有
声思维法,该方法通过记录和分析受试者在完成某项任务时说出头脑中的各种
信息,了解受试者的认知行为状况或认知操作过程。④ 研究者可以利用"有声思
维"探究教师"备教材"或学生"学教材"的认知过程,从而了解这一特定思维活

---

　　① 何安平:《语料库辅助的基础英语教材分析》,《课程·教材·教法》2007 年第 3 期。
　　② 张美兰:《掌握汉语的金钥匙——论明清时期国外汉语教材的特点》,《国际汉学》2005 第 1 期;于
锦恩:《民国时期华文教育本土化探析——以国语文教材的编写为视角》,《华侨华人历史研究》2014 年第
3 期。
　　③ 方丽娜:《国别化教材的设计与编写——以〈悦读华文,细品文化〉为例》,《国际汉语学报》2010
年第 0 期。
　　④ 郭纯洁:《有声思维在外语教学研究中的应用》,外语教学与研究出版社,2015,第 1–2 页。

动的影响因素和策略机制。

（五）贡献三大理论成果

从 1980 年来,教材研究的理论建树主要体现在以下三方面:一是教材编写原则研究。该理论研究起步较早,邓恩明早在《语言教材要有趣》一文中即探讨了教材的趣味性原则。刘珣在《新一代对外汉语教材的展望——再谈汉语教材的编写原则》一文中提出"结构—功能—文化"三结合原则,这是我国国际中文教材编写理论最重要的研究成果,对教材编写实践产生了深远影响。李泉相继发表《论对外汉语教材的针对性》《论对外汉语教材的实用性》《论对外汉语教材的科学性》三篇重量级论文,教材编写原则研究登顶,也成为指导教材编写实践的基本准则。二是教材评价理论研究。赵金铭在《论对外汉语教材评估》一文中开创性地建立了对外汉语教材评估标准,奠定了对外汉语教材评价理论与实践研究的基础,也为教材编写与分析提供了理论框架。三是教材国别/本土化理论研究。该理论研究是学界近年来最重要的理论创见。在震荡平台期(2013—2019),4 篇高被引文献中有 3 篇与教材国别/本土化理论相关,它们分别是《关于国际汉语教学"本土化"与"普适性"教材的理论探讨》《"一版多本"与海外教材的本土化研究》《汉语教材的"国别化"问题探讨》,为我国中文教材海外"本土化"建设提供理论支撑。

除此以外,我们也应看到,国际中文教材研究的创新理论还算不上丰富。当下人文社会科学正在加速发展,我们应致力于构建具有中国特色、中文特点的国际中文教材研究理论框架。该理论框架的建立需要具有宏观视野,站在服务国际中文教育、配合国家文化"走出去"战略的高度;需要坚持问题导向,解决新时代教材建设中涌现的新问题、新挑战;需要与教材建设中的编写实践、应用实践、推广实践形成良性互动,促进国际中文教育事业的全面发展。

（六）研究实力亟须加强

研究发现,该领域以国内高校为主体的研究机构群早在初创探索期已形成,北京语言大学等多所国内高校构成国际中文教材研究的核心机构。但发文作者较为分散,同时符合重要性和影响力评价指标的作者只有 16 位,核心作者群尚未形成。机构间、作者间合作关系也较为稀疏。为此,该领域应从人才队伍、标志性成果、交流平台三个方面进一步增强科研实力,具体措施有:支持学术领军人物建立专业化、高水平研究团队,鼓励中青年学术新锐投身教材研究,提供多渠道发表平台,成立国际中文教材研究会,搭建相关论坛、研讨、会议等学术交流平台,这些举措必将促进国际中文教材研究创新发展。

第二节　国际中文数字资源的文献计量

近年来,世界主要国家均发布了教育创新战略,全球"数字化"教育在行动①。我国也正在大力推进教育信息化,加快教育现代化和教育强国建设。2020年初出现的新冠疫情成为促进教育信息化发展的"助推器",世界范围内大规模的在线教育对各学科数字教学资源建设提出了更高要求,国际中文教育亦不例外。在此背景下,国际中文数字资源研究的重要性愈加凸显。

数字教学资源是指经过数字化处理,在计算机或网络上运用的教学资源,包括以文字、图片、音频、视频等形式呈现的课程资源和数字教材、数字图书、教学课件、教学案例、教学软件等②。1985 年,在首届国际汉语教学讨论会上,一些学者首次引介了计算机辅助中文教学的思想,标志着国际中文教学信息化的开始③。自此,国际中文数字资源研究逐渐丰富。卢达威与洪炜分三个阶段回顾了1985—2013 年中文教育信息化的发展历程,阐述了各时期信息化中文教学资源的主要发展方向并提出了未来发展建议。徐娟与史艳岚总结了 2004—2013 年

---

① 王素、姜晓燕、王晓宇:《全球"数字化"教育在行动》,《中国教育报》2019 年 11 月 15 日。
② 中华人民共和国教育部办公厅:《国家教育数字化战略行动通用术语规范(第一辑)》,2022 年 7 月 15 日。
③ 卢达威、洪炜:《汉语国际教育信息化的发展与展望》,《语言教学与研究》2013 年第 6 期。

数字化国际中文教学的发展趋势,指出国际中文教材从"平面型"走向"立体化"、学习资源从"展示型"走向"交互型"两大特点①。郑艳群梳理了2006—2016年以中文教育技术为基础的教学资源研究成果,从资源观念、资源库创建、资源加工、资源运用和计算四个方面对领域内取得的新进展进行了总结分析②。本节将采用文献计量与可视化分析,更清晰地呈现该领域研究成果的整体面貌及其发展轨迹,在厘清发展历史与现状的同时,重点探究当前研究热点和前沿问题,发现未来研究方向,为今后国际中文数字资源研究提供参考。

一、研究方法与数据处理

本节数据来自"中国知网"学术期刊全文数据库、学位论文全文数据库、中国重要会议论文数据库和学术辑刊全文数据库,以检索式"时间(不限—2020年)+主题('汉语/中文/华文'并含'移动/游戏/网络/互联网/多媒体/慕课/MOOC/虚拟现实/社交媒体/开放教育/人工智能/在线/课件/资料库/语料库/网站/视频/歌曲/翻转课堂/微课/技术/远程/直播/资源/数字/混合/信息化/新媒体/App')"进行模糊检索,文献检索时间为2021年1月8日,并结合北京语言大学硕博论文数据库对学位论文样本进行了补充。经人工筛选,剔除了有关中文为母语或民族语的中文数字资源研究,最终得到有效样本文献共1670篇,其中期刊论文688篇,硕博论文563篇、会议论文373篇、学术辑刊46篇。

文献计量是对科学成果(文章、出版物、引文、专利等)的列举和统计分析,可以有效评估某一领域内研究活动、实验室、研究者所产出的科学成果③。本节从文献计量学视角出发,借助可视化数据分析软件——Citespace5.7. R1,对国际中文数字资源研究的年度发文趋势、研究核心力量、研究主题、研究热点、研究前沿进行计量分析。

---

① 徐娟、史艳岚:《十年来数字化对外汉语教学发展综述》,《现代教育技术》2013年第12期。

② 郑艳群:《汉语教学资源研究的新进展与新认识》,《语言文字应用》2018年第3页。

③ Okubo Y. *Bibliometric indicators and analysis of research systems:methods and examples*. OECD Science, 1997.

二、年度发文趋势

年度发文数量是全面考察某领域研究发展态势的重要依据。1670 篇文献的年度发文数量如图 2－4 所示。总体来看,相关研究可划分三个阶段。

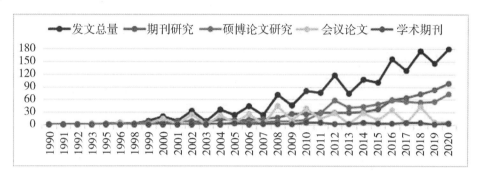

图 2－4　国际中文数字资源研究年度发文趋势图

（一）起步期(1990—2003 年)

我国教育信息化自 20 世纪 80 年代初期起步,崛起于 20 世纪 90 年代①。20 世纪 90 年代初,以光盘技术、数字视频技术为代表的多媒体技术已相对成熟,实现了基于计算机设备的存储、传播、播放功能。随着"中国教育和科研计算机网 CERNET 示范工程"建设项目出台,我国首条覆盖全国的计算机互联网络成功铺设,多媒体教室、网络教室、语音实验室等教学硬件设施大规模兴建,为我国教育信息化发展奠定了良好的设备基础。1998 年,《面向 21 世纪教育振兴行动计划》实施"现代远程教育工程"和"高校高新技术产业化工程",自此教育信息化成为教育发展的重要主题。在此背景下,计算机辅助中文教学开始受到学界关注。这一时期,该研究领域共发文 92 篇,年均发文 6.6 篇。样本中首篇文献是张普在第三届国际汉语教学讨论会上发表的《论汉语信息处理技术与对外汉语教学》②,该文阐述了汉语信息处理技术与对外汉语教学结合的必然性、必要性和可

---

① 钟志贤、张琦:《我国教育信息化发展历程回眸》,《中国教育信息化》2007 年第 12 期。
② 张普:《论汉语信息处理技术与对外汉语教学》,载《第三届国际汉语教学讨论会论文选》,北京语言学院出版社,1991,第 10 页。

能性,至今仍有极大的参考价值。

(二)上升期(2004—2010 年)

21 世纪以来,网络技术迅速发展,网络教育不断深化,远程教育的网络体系建设初具规模。"发展远程教育"先后被写入《中共中央关于制定国民经济和社会发展第十一个五年规划的建议》和党的十七大报告,成为国家战略和社会共识。国际中文数字资源的主要形式由以多媒体教学资源为主,转为多媒体教学资源与网络教学资源并行。网络中文课程、网络中文教学资源库、网络中文教学平台、网络中文教学模式成为研究重点。这一时期,研究数量平稳上升,共发文323 篇,年均发文 46.1 篇。

(三)加速期(2011—2020 年)

近十年来,得益于《教育信息化十年发展规划(2011—2020 年)》《教育信息化"十三五"规划》《教育信息化 2.0 行动计划》《新一代人工智能发展规划》等一系列国家发展规划相继出台并实施,虚拟现实、增强现实、移动学习、大数据、人工智能等前沿技术逐步与中文教育相结合,"中文智慧教育"的概念开始出现①,慕课、微课、直播课等新型数字课程研究不断涌现,对翻转课堂、泛在学习、移动学习等数字化学习方式的探讨不断深入,各类数据库、资源库建设构想层出不穷。这一时期,期刊研究、硕博论文研究数量快速增长,带动研究领域内发文总量迅速上升,发文量为 1255 篇,年均发文 125.5 篇。

三、研究核心力量

(一)核心研究机构群已形成,核心作者群尚未形成

经统计,1670 篇样本文献共来自 412 家研究机构(合作发文以第一作者所在机构进行统计)。其中,发表论文最多的研究机构是北京语言大学(229 篇)。运用普赖斯定律②进行计算,M≈11,即发文量 11 篇及 11 篇以上的机构可视为核心

---

① 徐娟:《从计算机辅助汉语学习到智慧汉语国际教育》,《国际汉语教学研究》2019 年第 4 期。

② 普赖斯(PRICE)定律认为:在同一主题中,半数的论文为一群高生产能力作者所撰,这一作者集合的数量约等于全部作者总数的平方根。

研究机构,符合该发文量要求的研究机构有 35 家,累计发文 902 篇,占论文总量的 54%,符合普赖斯(PRICE)定律对于核心研究机构生产力应达到论文总量一半的要求,由此说明国际中文数字资源研究已形成较为稳定的核心研究机构群(见表 2 -4)。

在 1107 篇期刊论文、辑刊论文和会议论文样本中,发文量最多的学者(合作发文以第一作者进行统计)是郑艳群(北京语言大学),发文量为 27 篇,M≈4,样本内发文量 4 篇及 4 篇以上的作者共 18 位,累计发文 117 篇,占样本总量 7%,没有达到普赖斯定律的要求,由此说明国际中文数字资源的期刊研究尚未形成核心作者群。

表 2 -4 国际中文数字资源核心研究机构

研究机构	发文数量	研究机构	发文数量	研究机构	发文数量	研究机构	发文数量
北京语言大学	229	广东外语外贸大学	22	广西大学	15	渤海大学	12
华中师范大学	48	沈阳师范大学	22	山东师范大学	15	复旦大学	12
华东师范大学	44	黑龙江大学	20	上海师范大学	15	广西师范大学	12
暨南大学	44	吉林大学	18	华侨大学	14	西安石油大学	12
中央民族大学	40	辽宁师范大学	18	兰州大学	14	重庆大学	11
北京师范大学	30	东北师范大学	17	云南师范大学	14	首都师范大学	11
山东大学	29	鲁东大学	17	北京外国语大学	13	天津师范大学	11
北京大学	28	辽宁大学	16	湖南师范大学	13	新疆大学	11
厦门大学	26	上海外国语大学	16	云南大学	13		

(二)固定合作研究群已形成,合作研究备受重视

经统计,在 1107 篇期刊论文、辑刊论文和会议论文样本中,335 篇是合作发文,占比 30.3%。其中包含固定合作关系(合作发文 2 篇及 2 篇以上)23 对,累计发文 39 篇,占合作发文总量的 11.6%。发文量 4 篇及 4 篇以上的 18 位作者中,有 10 位作者有合作发文成果。由此可见,合作研究已经成为国际中文数字

资源研究的重要形式,并已经形成了小规模的固定合作研究群,且领域内研究生产力较高的作者更重视合作研究。

四、研究主题分布

关键词共现分析能够呈现出研究领域内的知识网络结构和研究主题分布。利用 Citespace5.7. R1 对 1670 篇样本文献进行关键词共现分析,将时间范围设置为 1990 年 1 月至 2020 年 12 月,时间切片的长度设置为 1 年,主题词来源选择为"标题""摘要"和"关键词",节点类型设置为"关键词",阈值保持为默认状态,即 G-index(K = 25)。通过关键词共现分析可以发现,除"对外汉语""对外汉语教学""汉语教学""汉语国际教育"四个关键词节点以外,"多媒体""多媒体技术""教学设计""教学模式""翻转课堂""网络教学""应用""慕课""移动学习"均形成了较大的节点①(见图 2 - 5),可视为本领域主要研究主题。

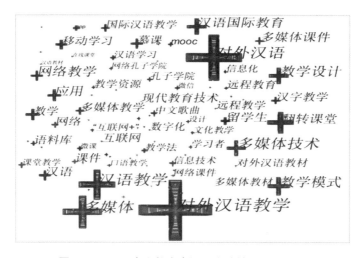

图 2 - 5　国际中文数字资源研究关键词共现图谱

---

① 节点在图 2 - 5 中表现为加号,节点越大主题越突出。

为进一步厘清各研究主题之间的关系,我们对样本关键词进行了聚类分析。一般而言,聚类的模块值 Q > 0.3 就意味着聚类结构显著,平均轮廓值 S > 0.5,聚类就是合理的,S > 0.7 时,聚类是令人信服的。本研究样本共得到 12 个聚类,聚类模块值 Q = 0.6415 > 0.3,平均轮廓值 S = 0.8603 > 0.7(见表 2 - 5)。

表 2 - 5　国际中文数字资源研究聚类详表

序号	聚类标签	关键词数	S 值	聚类内高频关键词举例
1	对外汉语	73	0.84	翻转课堂、教学设计、口语教学、应用研究、写作、综合课、混合课程、听力教学、任务型教学、初级对外汉语教学
2	远程教育	59	0.829	远程对外汉语教学、非目的语环境、网络课件、中国文化、学习支持服务、选材、学习网站、学习模式、交互性、学员分析
3	多媒体	48	0.876	微视频、信息技术、互联网、应用策略、教学软件、网络技术、传媒技术、在线学习、情境化
4	互联网 +	44	0.855	新媒体、创新、对外汉语网络教学、辅助教学、智能化、交互策略、优缺点、线上汉语教学、手机 App、教学策略
5	语料库	40	0.954	汉语中介语语料库、口语语料库、视听说教学模式、交互任务教学法、听说教学、成段表达能力、网络教学平台、语法点、话题、写作
6	课件	39	0.87	课件制作系统、多媒体课件、多模态理论、汉语教程、留学生、中级汉语、模板、中医汉语教学、专门用途汉语、中介语
7	中文歌曲	38	0.817	教学实践、语音偏误、课件设计、口语教学、实证研究、问卷调查、听力教学、翻转课堂教学模式、网络资源

续表

序号	聚类标签	关键词数	S 值	聚类内高频关键词举例
8	多媒体技术	37	0.885	计算机、硬件、分科教学法、多媒体技术手段、学习现状、现代教学手段、软件、互动方式、多媒体素材、远距教学
9	教学资源	36	0.788	语料库、资源库、学习软件、效果、微信公众号、使用情况、检索程序、语言材料、建设成效
10	移动学习	36	0.751	App、智能手机、汉语学习者、情境汉语、App 研发、设计、调查研究、可行性、学习情感、中华文化学习、自主学习
11	汉语国际教育	35	0.848	线上教学、策略、主体、疫情、云时代、信息化建设、发展与展望、教育转型、中国文化教学、文化传播
12	VR 技术	20	0.91	虚拟现实技术、沉浸式教学、利用、VR 教学视频、多元智能、汉语口语教学、情境式教学

表 2－5 的 12 个聚类代表了当前国际中文数字资源的主要研究方向,可概括为以下方面:

（一）国际中文数字资源理论研究

学科发展离不开理论研究的支撑。11 号聚类"汉语国际教育"汇聚了大量国际中文数字资源理论研究,总体包含两部分:(1)国际中文数字资源的发展方向探讨,以"云时代""信息化建设""发展与展望""教育转型"等关键词为代表,如《试论后方法时代的汉语教学资源建设》《2020:国际中文教育转型之元年》。(2)国际中文数字资源对文化传播的影响分析,以"中国文化教学""文化传播"等关键词为代表,如《"互联网＋"背景下的汉语国际教育与文化传播》《互联网时代汉语国际文化传播刍议》。上述两方面理论研究,在推动学科向数字化教学转型、指导国际中文数字资源建设方面具有重要意义。

（二）国际中文数字资源开发研究

系统、适配、高质量的教学资源是成功开展教学的先决条件。6 号聚类中的

"课件制作系统"、7号聚类中的"课件设计"和10号聚类中的"App研发",均体现了对国际中文数字资源开发的关注,内容涉及多媒体课件制作、学习网站设计、学习平台创建、语料库建设、慕课设计、微课设计、App研发,如《基于翻转课堂的对外汉语学习平台的设计》《中美网络语言教学项目中的汉语课件制作》《小议对外汉语教学网站设计》《基于WEB的对外汉语教学语料库建设及在线检索程序开发》。

(三)国际中文数字资源应用研究

资源应用研究是国际中文数字资源研究的重要组成部分。根据表2-5各聚类中的典型关键词,结合文献二次筛查,当前国际中文数字资源应用研究可划分为以下三类:(1)教育技术应用研究。3号聚类中包含大量"信息技术""网络技术""传媒技术"在国际中文教学中的"应用策略"研究。此类研究主要探讨各类教育技术在中文数字教学中的可行性、适配性、应用策略和优势,如《探析增强现实技术在对外汉语中的应用》《远程教育技术在对外汉语教学中的应用研究》《语料库技术在汉语教学中的应用透视》。(2)教学设计研究。1号聚类聚焦国际中文数字资源在"口语教学""听力教学""综合课"等不同课型中的"教学设计",针对某一类国际中文数字资源的应用方法进行探析,包括中文歌曲、影视资料、电视广告、学习网站、网络平台、资源库、移动学习App等。另外,此类研究还涵盖了大量教学模式应用研究,包括翻转课堂、混合学习、慕课等,如《对外汉语教学中的微课教学模式应用探析》《"翻转课堂"教学模式与对外汉语口语教学》。(3)国际中文数字资源发展现状、应用情况调查。以7号聚类中的"问卷调查"、9号聚类中的"使用情况"和10号聚类中的"调查研究"三个关键词为代表,如《汉语网络学习资源现状调查研究》《移动终端汉语教育应用软件现状调查与分析》。

(四)国际中文数字资源评价研究

教学资源评价旨在检验教学资源质量,反馈教学资源问题,进而改进教学资源,以保证其有效性。2号聚类中的"交互性"、4号聚类中的"优缺点"、9号聚类中的"效果"和10号聚类中的"可行性"涉及的相关研究,对各类国际中文数字资源的适用性、有效性、开放性、互动性、直观性、娱乐性等方面进行了深入探讨,如《翻转课堂在对外汉语古诗词教学中的可行性研究》《翻转课堂在汉语文化类课程教学中的适用性初探》。另外,构建国际中文数字资源评价指标体系也是领域内重要研究方向之一,相关研究有《远程对外汉语教学学习支持服务评价系统指标体系》《数字化对外汉语教学的交互设计评价》。

(五)国际中文数字资源主体研究

教师和学习者是国际中文数字资源的应用主体。从学习者的角度来看,2号聚类中的"学员分析"、6号聚类中的"留学生"、10号聚类中的"学习情感"和11号聚类中的"主体"均体现了现有研究对学习者的关注,研究内容涉及学习需求分析、学习体验调查、学习能力发展三方面,如《汉语口语多媒体教学的体验和思考》《远程课程的设置与学生自主学习能力的发展》。从教师的角度来看,相关研究主要涵盖两部分:(1)国际中文教师的角色转换与策略应对,如《论信息化时代对外汉语教师的作用》《E时代对外汉语教师应对策略》;(2)国际中文教师信息素质、资源应用能力培养,如《浅谈"互联网+"时代国际中文教师信息素养的培养》。

五、研究热点

关键词体现一篇论文的中心概念,高频关键词可以反映研究热点,其历时分析可以揭示研究热点的兴衰变化。利用Citespace的词频统计功能,将含义相似的关键词进行了手动合并,剔除了"汉语""对外汉语""对外汉语教学""汉语教学""汉语国际教育"等常见关键词,整理出前十个高频关键词,并绘制了高频关键词历时折线图(见图2-6)。

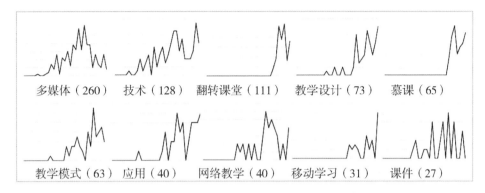

图2-6 高频关键词(前十位)历时折线图①

（一）多媒体教学资源

"多媒体"是出现频次最高的关键词（260次），相关研究始于《多媒体技术在对外汉语教学中的应用》②一文，主要探讨了多媒体教材与传统纸质教材编写的差异性。国际中文多媒体教学资源研究在初期一度成为研究重点，包括：（1）面向不同教育层次学习者、不同课型的多媒体"课件"（27次）研究，涉及多媒体词汇课件、多媒体CAI课件、多媒体口语课件等；（2）不同类型的多媒体教材研究，如国别化多媒体教材、专门用途多媒体教材等；（3）音、视频多媒体资源应用研究，如中文歌曲、影视资源、电视广告等。

（二）教育技术

教育技术引领国际中文数字资源的发展。关键词"技术"出现频率高达128次，且呈现出波动上升的趋势。样本内不同时期关于国际中文教育技术的研究此起彼伏，既包括现代教育技术、多媒体技术、网络技术、信息技术等较为宽泛的技术研究，又包括虚拟现实技术、增强现实技术、语音识别技术、声控技术、大数据技术、弹幕技术、人工智能技术等某一具体技术手段研究，研究角度有技术应用、影响、整合、驱动、融合、优化等。数字资源研究沿技术发展路线展开、随技术更迭而演进，研究脉络清晰。

---

① 图2-6中括号内的数字是指该关键词的累计出现频次。
② 王铨、刘清涛：《多媒体技术在对外汉语教学中的应用》，《外语电化教学》1995年第3期。

（三）数字资源设计与应用

教学是资源的应用场域。关键词"教学设计"（73次）、"应用"（40次）均呈现波动上升趋势，反映出国际中文数字资源教学设计、教学应用研究日益增多的趋势，如报刊课教学、商务汉语教学、视听说教学研究等，其中也不乏针对各项语言技能的专门性教学资源研究，如基于语音识别技术的口语练习App、基于FLASH技术的汉字教学课件、基于网络技术的在线协同写作平台等。"教学设计""应用"研究当前均处于峰值，未来随着新型教学资源不断涌现，国际中文数字资源设计、资源应用研究将持续成为领域内的研究热点。

（四）数字教学模式

优势各异、各具特色的"教学模式"（63次）也是热议话题，包括：（1）以多媒体教学资源为基础的多媒体、多模态教学模式研究；（2）以网络教学资源为基础的SPOC混合教学、翻转课堂、远程教学模式研究。在面向不同学习者、不同课型、不同语言要素的教学过程中，如何应用上述教学模式提高教学效果，是国际中文数字资源的重要研究方向，相关研究有《商务汉语在线教学模式探索》《"翻转课堂"教学模式与对外汉语口语教学》《高年级对外汉语精读课"翻转课堂"模式研究》等。

六、研究前沿

利用Citespace的突现关键词探测功能，可以发现在较短时间内存在较大变化的关键词，以此预测研究热点的变化趋势。我们将最短突现时长设置为2年，结果显示当前国际中文数字资源研究共包含13个突现词。

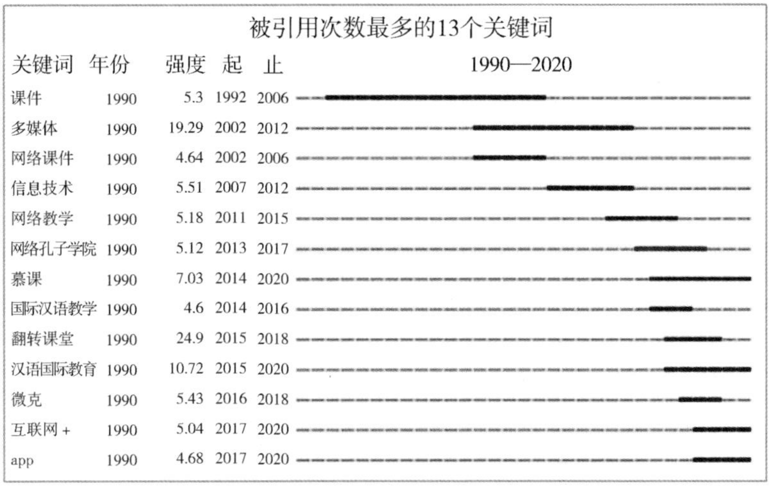

被引用次数最多的13个关键词

关键词	年份	强度	起	止	1990—2020
课件	1990	5.3	1992	2006	▬▬▬▬▬▬▬▬
多媒体	1990	19.29	2002	2012	▬▬▬▬▬▬
网络课件	1990	4.64	2002	2006	▬▬
信息技术	1990	5.51	2007	2012	▬▬▬
网络教学	1990	5.18	2011	2015	▬▬
网络孔子学院	1990	5.12	2013	2017	▬▬
慕课	1990	7.03	2014	2020	▬▬▬
国际汉语教学	1990	4.6	2014	2016	▬
翻转课堂	1990	24.9	2015	2018	▬▬
汉语国际教育	1990	10.72	2015	2020	▬▬▬
微克	1990	5.43	2016	2018	▬
互联网+	1990	5.04	2017	2020	▬▬
app	1990	4.68	2017	2020	▬▬

图 2 - 7　国际中文数字资源突现关键词详图

图 2 - 7 显示,样本内 9 个突现词的突现时间始于 2010 年后,说明国际中文数字资源研究仍是一个相对新兴的研究领域,每个突现词的热度维持 3—5 年,说明领域内研究热点频出且更迭较快。其中,四个突现词至今保持在热度峰值,可视为领域内的研究前沿。

(一)慕课研究

突现词"慕课"自 2014 年开始出现,突现强度为 7.03。首篇关于慕课的研究是《汉语教学"慕课"视频资源的开发与建设》①。样本内围绕慕课的相关研究,既包括慕课发展现状分析、慕课教学模式探索、慕课学习平台建设等宏观理论研究,又包括慕课个案设计、慕课教学应用等微观实践研究。结合图 2 - 7 突现关键词详表来看,慕课研究自 2014 年出现至今,始终是领域内的研究前沿。

(二)资源发展研究

突现词"汉语国际教育"自 2015 年开始出现,突现强度为 10.72。结合样本内文献二次筛查发现,包含突现词"汉语国际教育"的研究不仅包含国际中文教育发展方向、策略、问题的宏观研究,如《汉语国际教育信息化的发展与展望》《数

---

① 赵寰宇:《汉语教学"慕课"视频资源的开发与建设》,《现代交际》2014 年第 1 期。

字化对外汉语教学的研究与发展趋势》等,还涵盖了针对某一种数字教学模式、某一类国际中文数字资源的发展研究,如《多媒体对外汉语教材的作用及发展战略》《对外汉语教学慕课的发展现状及思考》等。高质量、广视角的国际中文数字资源发展研究可为资源建设提供理论依据,该领域未来仍有较大研究空间。

(三)"互联网+"教学环境研究

突现词"互联网+"自 2017 年出现,突现强度为 5.04。随着网络技术快速发展,国际中文网络教学备受关注。《基于因特网的远程汉语教学现状综述》《国内对外汉语网络教学的进展和问题》等多篇文献对国际中文远程教学的发展情况进行了总结。相关研究从"互联网+"教学的大背景出发,面向学习者可利用的各类网络资源,在具体资源设计、整体资源建设、教学应用实践、资源效果评估等方面进行了深入探讨,资源类型涵盖网络课件、网络课程(微视频、微课、慕课等)、学习网站、网络学习平台、教学资源库等。在"互联网+"教学环境下,如何提升国际中文远程教学效果、优化学习者的学习体验,是当前研究亟待解决的重要问题。

(四)移动学习研究

App 移动学习以其学习便捷性、教学个性化、交互丰富性、情境相关性等优势[1],自 2010 年起受到研究者关注。相关研究主要基于三类移动学习资源:(1)专门性中文学习 App,如 HSK Online、Hello Chinese 等。根据其主要功能又可划分为主题资源类、辅导资源类、工具查询类、互动交流类、文化综合类五大类[2]。(2)社交 App,如微信、微博等。(3)基于流媒体播放的各类微课资源。图 2-7 显示,"微课""App"分别自 2016 年、2017 年突现,且"App"当前正处于研究热度峰值,二者均为移动学习资源的重要形式,未来相关研究将会持续升温。

七、结论与展望

国际中文教育学科发展 70 年,取得了国际中文数字资源建设与研究双丰

---

① 叶成林、徐福荫、许骏:《移动学习研究综述》,《电化教育研究》2004 年第 3 期。
② 刘华、王敏:《汉语移动学习 App 现状与需求调查研究》,《海外华文教育》2020 年第 2 期。

收。数字资源建设从多媒体教学资源阶段发展到网络教学资源阶段,并快速迈进智能教学资源阶段,与之相应,教学资源理论与实践研究也在同步进行。为满足国际中文教育数字化需求,本领域研究可从深度和广度两方面进一步拓展。

（一）加强教育技术与国际中文数字资源的深度融合

前文表明,教育技术进步是国际中文数字资源研究的驱动力。教育技术的研究包括创设、运用和管理三个维度①。完善国际中文数字资源研究,需要以丰富、系统的国际中文数字资源为基础,而国际中文数字资源的发展离不开教育技术的支撑。因此,在技术创设层面,我们应持续关注新兴教育技术应用于国际中文数字资源开发和国际中文教学实践的可能性,选择适配的教育技术开发更多高质量的国际中文数字资源,支持教学模式的革新与创新;在技术运用层面,需要持续开展大规模、科学严谨的国际中文数字资源实证研究,确保国际中文数字资源应用的有效性;在技术管理层面,需要利用教育技术系统地开发、整合国际中文数字资源,避免资源的重复开发。以上三方面相结合,方可紧随教育技术的发展趋势,提升国际中文数字资源建设质量和研究质量。

（二）拓展国际中文数字资源的研究空间

本领域研究仍需向以下三个方向拓展:(1)资源管理和评估研究。前期文献大多侧重资源创建和运用,资源建设标准、质量评价、管理机制的研究成果极为匮乏,亟待补充。(2)创新教学模式研究。前期文献对网络辅助教学模式、远程交互教学模式、混合教学模式、翻转课堂、在线同步异步教学模式等均进行了有益探索,研究路径从概念引介到教学实践。可以预见,随着技术进步和资源丰富,基于资源的教学模式研究前景广阔,并且会进一步深入到教学主体的行为、心理分析层面,延伸到教学效果及其影响因素的实证研究领域,提升到数字化教学模式的创新理论研究。(3)资源发展监测研究。国际中文数字资源建设是我国语言文化传播平台的重要组成部分。前期文献仍缺乏对其发展轨迹、发展现

① Richey R. C. , Silber K. H. & Ely D. P. "Reflections on the 2008 AECT definitions of the field," *TechTrends* ,2008 ,52(1).

状的综合性、概括性研究,这在一定程度上造成了资源开发与应用脱节的现象。为此,利用大数据技术对国际中文数字资源建设和应用开展动态监测研究,分阶段、全景式展示国际中文数字资源发展趋势和建设现状,可为主管部门,研发单位,教学机构规划、开发、使用国际中文数字资源提供依据。

第三章　国际中文教学资源建设研究

　　教学资源建设是学科发展的重要体现。在国际中文教育领域,国际中文教学资源建设是国际中文教育事业发展和学科建设的重要内容。教学资源建设研究是一项整体性、系统性、战略性宏观研究,是对教学资源总体建设情况的全面考察,其目的在于总结前期中文教学资源建设的成果和经验,规划未来之路,对国际中文教育事业的可持续发展,具有重要意义。

第一节　国际中文教学资源建设现状与展望

　　自1949年至今,随着国际中文教育的工作重心从"请进来"向"走出去"转变,国际中文教学资源建设也大体可分为以"请进来"为主(1949—2000年)和以"走出去"为主(2000年至今)两个阶段,两个阶段在教学对象、资源建设主体和教学资源的呈现方式上各有特点。

　　在"请进来"为主的阶段,国际中文教学资源主要以中国国内出版社为开发主体,适用对象主要为国内大学的外国留学生。教学资源以纸质教材为主,随着电化教学兴起,广播、电视等多媒体教学资源开始出现。

在"走出去"为主的阶段,中国国内出版社针对海外中文教学开发的教学资源日益增多,我国作为中文母语国,日益成为全球中文教育的引导者和支持者。中外合作成为中文教学资源建设的主要途径,政府间、高校间、机构间、学者间多层次合作日益深化,资源的本土化水平随之提高。教学资源适用对象扩展到海外各类学习人群,涵盖学前教育、基础教育、高等教育、职业教育、社会教育五大教育层次,面向海外儿童和青少年的国际中文教学资源迅速增加,海外"中文 + 职业技能"教学资源研发逐渐受到关注。随着人工智能、大数据、移动互联等信息技术带来的教育生态巨变,以新技术赋能国际中文教育高质量发展成为大势所趋。新冠疫情期间的在线教育推动教学资源建设加速转型,纸质资源的数字化、智能化升级速度加快,国际中文教学资源呈现更加丰富多样的新形态,推动国际中文教育教学全过程、全要素的数字转型与智能变革。

总体来看,中华人民共和国成立 70 多年来,在主管部门的领导下,举国之力办大事,学界业界协同创新,中方外方精诚合作,国际中文教学资源建设筚路蓝缕,到今天已经形成标准引领、课程导向、技术赋能的规模化、精品化、本土化、数字化国际中文教学资源方阵,发展迅猛,成绩斐然,基本满足了国内外中文教育的需求,缓解了教学资源缺乏的困难,有力地推进了国际中文教育事业的发展,为增强我国语言文化的国际传播能力作出了突出贡献。

一、现状与特点

(一)规模不断扩大,结构日益优化

自 1949 至 2020 年底,全球共出版国际中文教材[①] 19530 种[②]。其中 1981—1990 年共 1211 种,1991—2000 年共 1673 种,2001—2010 年共 7278 种,2011—2020 年共 8039 种(见图 3 – 1),包含面向来华人士的对外汉语教材和海外中文作为外语教材以及华文教材。注释语种达 80 种,其中欧洲语种 36 个,亚洲语种 28 个,非洲语种 13 个,大洋洲语种 3 个(见图 3 – 2)。82.42% 的教材以英语为

[①] 即本书定义的纸质教学资源,包括教科书、教辅、读物、工具书、教育标准等。
[②] 本节"种"以 ISBN(国际标准书号)为统计单位。

注释语,用韩语和法语注释的教材位列第二、第三位。很多语种版本教材至今仍是一些国家和地区唯一的以母语为媒介语的中文教材。

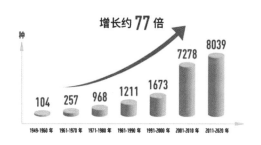

图 3-1　国际中文教材总量增长图

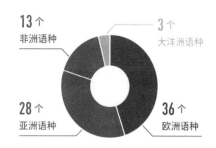

图 3-2　国际中文教材语种分布图

国际中文教育"低龄化"需求受到重视,中小学中文教材数量有所增长,与大学中文教材的数量差距逐步缩小。2000 年之后,全球共出版中小学中文教材 1449 种,其中小学教材多于中学教材,大学中文教材共 1866 种。

教材类型涵盖了综合、技能、语言要素、专门用途、文化、考试、工具书等,其中综合类通用教材占主体。2000 年之后,全球共出版通用型中文教材 5778 种,专门用途教材 564 种,二者比例约为10∶1;专门用途中文教材涉及商务、旅游、科技、医学、媒体、公务、交通、工业、体育、法律、国防、政治、军事、外交、航空、工程、金融等十几个专业和职业方向,其中,商务(42.89%)、旅游(14.30%)、科技(14.23%)、医学(11.02%)用途中文教材数量位居前四位;文化教材有所拓展——文化教材共 713 种,其类型从文化课程教材(20.62%)拓展到文化通识教材(17.53%)和文化专题教材(61.85%);考试教材增长迅猛——2000 年之后,HSK、YCT、BCT、IB、CTCSOL 五类中文考试教材数量达 774 种,2011 年之后出版的考试教材占全部考试教材的 68.09%。

在主管部门的政策扶植和引导下,在中外相关机构、数以万计的国际中文教育从业者的共同努力下,国际中文教学资源实现规模化发展。据统计,全球共有 496 家出版机构从事国际中文教材的出版发行工作,其中 117 家为中国出版社;379 家为海外出版社,分布在全球 37 个国家。北京语言大学出版社、华语教学出版社、五洲传播出版社等十家国内出版社共出版发行国际中文教材 11019 种,占教材总量的 56.42%,教材年均发行到世界 101 个国家 1200 余个中文教学机构,成为国际中文教材出版的主要力量。

(二)编研并举互促,质量逐步提高

长期以来,国际中文教材编研并举,不断从国内外中文教学实践、教学和教材研究成果以及第二语言教学和教材编写理论和实践中汲取营养,逐步从经验为主走向科学编研。1958 年,《汉语教科书》正式出版,是新中国国际中文教材发展的开端,确立了以结构为纲的汉语教学方式;20 世纪 90 年代以来,以《实用汉语课本》为代表的一批精品教材探索出了"结构—功能—文化"相结合教学思路,扩展了汉语教学的内容。

从教学方法来看,教材编写吸收国内外第二语言教学和教材编写理论的精髓,结合中文特色,相继推出了功能法教材(如《说什么和怎么说?》,邱质朴著,1990 年)、听说法教材(如《汉语会话 301 句》,康玉华、来思平编,1990 年)、视听法教材(如《汉语视听说教程:家有儿女》,刘立新、邓方编著,2009 年)、任务法教材(如《汉语口语速成·基础篇》,马箭飞主编,2000 年)、体验式教学法教材(如《体验汉语·留学篇》,陈作宏、田艳主编,2005 年)、多元智能教学法教材(如《Cool Panda》,Cool Panda 编写组,2017 年)、内容教学法教材(如《中国研习》,吴勇毅主编,2018 年)、产出导向法教材(如《新时代汉语口语教程》,朱勇主编,2020 年)等。近年来,在我国"教学有法,教无定法,贵在得法"教育思想和外语教学"后方法"策略的影响下,教材编写更加注重多种教学思路、教学方法和技巧的兼容并包,编写理念更具开放性和灵活性。新版的《博雅汉语》《成功之路》《发展汉语》《长城汉语》《汉语乐园》《快乐汉语》《轻松学中文》等均遵循了多元、综合的教学方法编写理念。同时也出现了以汉字、语义场、词汇、微技能、图片、故事、语感等为特色的中文教材。

从教学内容来看,人工编写的内容逐渐向真实话语扩展,话题、场景越来越贴近生活,语篇意识、语体意识开始彰显,活动设计可操作性增强,辅助学习方式更加便捷。

从教材编写方式来看,大多数教材能够实现全流程配套,由简单的课堂教材扩展到贯穿整个教学流程的助学助教资源,如课前教案、课堂挂图、词卡、字卡、课后练习册、同步阅读、试题集等,为教学提供完整的辅助配套系统,逐步建立了体系化、现代化的编写模式。

(三)本土资源增多,海外服务能力加强

在中外合作的基础上,面向海外不同国别、区域学习者的本土化中文教学资源日益增多。2009 年我国启动重点中文教材和工具书的多语种翻译工作,已完成 13 个系列 80 个语种中文教材与工具书的出版发行,解决了世界中文教材"有没有"的问题。截至 2020 年底,共有 126 个国家(地区)的 488 所孔子学院研制了 3466 种本土教材,包括语言教材(1173 种,34%)、文化教材(921 种,26%)、学术研究(1208 种,35%)和工具书(164 种,5%),在一定程度上满足了当地的教学需求。美国的《中文听说读写》、新加坡的《欢乐伙伴》、韩国的《中国语》、法国的《你说吧》《你说呢》、泰国的《体验汉语》、西班牙的《中国之路》、意大利的《意大利人学汉语》、匈牙利的《匈牙利汉语课本》、喀麦隆的《你好喀麦隆》、马来西亚的《华文》《华语》、阿联酋的《跨越丝路》等 70 余套中文教材以多种方式、多种机制服务 20 多个国家国民教育体系内的中文课程,深化了国际中文教学资源本土化的内涵。

从共时角度看,海外各国本土中文教学资源建设大体可分为三种类型:成熟型、成长型、薄弱型。"成熟型"国家基本具备了中文教学资源的自主研发能力和本土供给能力,还具有向其他国家或地区输送教学资源的能力,如美国、法国、新加坡、马来西亚、韩国、日本等。"成长型"国家处于教学资源快速发展阶段,资源研发活跃,产业化发展潜力初步显现,如俄罗斯、英国、西班牙、意大利、泰国、印度尼西亚、越南、阿联酋、澳大利亚等。"薄弱型"国家的教学资源自主研发能力不足,主要依赖母语国教学资源供给,资源的使用规模偏小,如非洲、南美洲、南亚、西亚、中亚等地区国家。

从历时角度看,各国资源本土化建设普遍经历五个发展阶段,也是国别中文教学资源发展的大致轨迹:华文或汉学资源的起步阶段、"引进为主、本土为辅"

阶段、"引进与本土并进"阶段、"本土为主、引进为辅"阶段、"本土为主、引进为辅、对外输出"阶段。目前,大部分国家处于"引进为主、本土为辅"或"引进与本土并进"阶段,内在需求旺盛但自主供给能力不足,未来将有很长一段时间仍需母语国的资源支持。少部分国家开始迈向"本土为主、引进为辅、向外输出"阶段,进入中文教学资源"成熟型"国家。伴随着教学资源的对外输出,中文教学理念和模式也向外辐射。典型代表有美国的《中文听说读写》、新加坡的《欢乐伙伴》、法国的《你说吧》等教材。

（四）数字产品渐丰,智能化水平提升

21世纪初,国际中文数字资源建设开始起步。时至今日,随着人工智能、大数据、云计算、区块链、5G网络等新技术广泛应用,国际中文数字资源建设初具成效。

据统计,截至2021年底,全球现有数字中文教材3679种,其中中国开发的有1744种,占比47.40%,国外18个国家①开发本土中文数字教材共1935种,占比52.60%。承载中文慕课的平台共有11个,推出中文教学慕课485门,来自国内慕课平台上线中文教学课程共364门,占比75.05%,国外承载中文教学慕课的平台主要有Coursera和Edx,共计上线121门中文教学慕课,占比24.95%。中文教学微课4865节,包括四大公开微课赛事3370节,"中文联盟"数字化云平台微课资源1265节,国内外视频网站上碎片化中文微课资源共230余节。现有中文教学网站404个,开发者分布于全球五大洲25个国家。现有中文教学App334个,其中语言要素类App最多,占总数的22.46%。

国际中文数字资源的"技术含量"越来越高,应用场景不断拓展,基本实现"教、学、管、评、研、用"全覆盖。互动性越来越强,智能化产品越来越丰富。以教学应用程序为例,334款应用程序中132款App设计了与学习者进行互动的功能,包括自动批改和人工批改功能,6%的App具备问答功能,17%具备语音识别

---

① 18个国家为:美国、韩国、澳大利亚、泰国、俄罗斯、日本、爱尔兰、意大利、英国、印度尼西亚、新加坡、德国、哈萨克斯坦、西班牙、越南、阿联酋、法国、喀麦隆。

功能,能提供正确答案等纠错功能的 App 占 18%,21 款 App 设计了布置作业的功能,通过评分、评语、评星的方式给予用户反馈。99 款 App 内具备测试功能,61 款 App 对学习者设置了较为明显的激励体制。国际中文数字教学平台利用语音识别、文字识别、语音合成、虚拟现实、人工智能、大数据等新技术,提供智能口语评测、沉浸式学习等学习工具,使中文学习更加智能化。"国际中文教学指南"采用了自然语言处理技术,SuperChinese 和 SPK Chinese 采用深度学习技术,能够结合大数据挖掘和分析,实现教学内容的智能推荐,定制个性化学习方案,《体验汉语 VR 视听说教程》、Cool Panda VR 系统、虚拟仿真实验"新时代中国故事"等产品尝试采用了虚拟现实技术,让学习者具有身临其境的学习体验。

(五)资源应用广泛,满意度较高

教材研制水平提高促进了教材质量提升,优秀中文教材纷纷涌现。2019 年底,对全球近 500 所大中小学、孔子学院、华文学校在内的中文教学机构进行调查后发现,使用最广泛的 20 套教材依次为:《HSK 标准教程》《快乐汉语》《跟我学汉语》《体验汉语》《当代中文》《汉语乐园》《长城汉语》《中文听说读写》《博雅汉语》《发展汉语》《轻松学汉语》《成功之路》《汉语会话 301 句》《YCT 标准教程》《轻松学中文》《汉语口语速成》《商务汉语》《新概念汉语》《中国历史·地理·文化常识》等。调查显示,超过 50% 的中文教学机构对教材表示满意,近 40% 的教学机构对教材基本满意,仅有 6.04% 的机构对教材不满意。总体而言,现有教材基本能够满足教师对教材的需求,对教材的满意度较高,但 40% 的中文教师对教材仅表示基本满意,也说明中文教材质量仍有较大提升空间和需求。

在国际中文数字资源方面,"音视频网站或 App""即时通讯工具""文件传输及存储工具""教学资源网站或 App"的普及率均超过 50%,覆盖超过半数的调查对象,可视为当前教师最为常用的国际中文数字资源类型。由此可见,国际中文数字资源的数量是数字资源普及使用的基础,当前音视频资源、即时通讯工具等常用数字资源的数量较多,在内容、功能、形式上均可以给教师提供多样化的选择,这在一定程度上提升了这些资源的知名度和使用普及度。调查发现,教师对教学平台的满意率达 82.59%,对教学资源的满意率达 80.37%;学习者对学习平台的满意率达83.31%,对学习资源的满意率达86.05%。可见,国际中文数字资源建设为大规模的中文在线教学实践提供了坚实的基础保障。

二、思考与建议

(一)推动理论创新,促进教材繁荣发展

提升教学资源质量,关键在于创新和发展国际中文教育的基础理论、教学理论及教材编写理论。为此,资源建设应提倡"三个扩展"。一是从教学观向教育观扩展。教材功能不仅要传递中文知识,还要发挥育人、促学的作用,助力全球中文学习者获得全面发展,实现人生价值。教材编写理念应尽快从单纯教外国人学中文扩展到用中文服务人们的工作生活,进一步开拓"中文 + "和沉浸式教学资源,让中文成为学习者人生的重要资本。要以新时代中国科技、经济、文化等内容打造丰富多彩的中文语言生活,让学习者融入其中。二是从语言观向话语观扩展。话语更加关注语言的真实状态,关注语言运用与社会发展的关系。资源建设应着力培养学习者的语言交际能力,包括得体的社会语用能力、连贯的语篇能力和语用策略能力,使学习者真正学有所用,用有成效;应注重将平面媒体、广播、电视媒体、网络新媒体等多模态话语纳入资源建设体系,扩大语体选择范围,为资源提供更加丰富的教学内容。三是从教学观向习得观扩展。资源建设要从以"怎么教"为中心扩展到以"怎么学"为中心,建立更为科学的导学、助学系统,构建"教材"和"学材"兼备的资源体系。资源编写应进一步吸收可理解输入、话语协商互动、有效输出、学习者跟社会互动的理念,关注学习者有意义的真实交际,兼顾显性学习和隐性学习及其学习策略;应关注超越方法的多种宏观策略和原则,鼓励方法选择上的兼容并包和博采众长。在上述理念下,未来的教学资源建设将朝着更加实用、高效、科学的方向发展。

(二)加强中外合作,推进资源"众筹 + 共享"

国际中文教学资源建设要继续调动中外一切可以调动的力量,扩大资源建设主体,创新合作方式,提高国际中文教学资源的海外市场适应能力和国际影响力。"中外合作"携手能够发挥双方各自优势和潜力,是目前及未来国际中文教

学资源研发的重要途径,泰国的《体验汉语》、西班牙的《中国之路》、意大利的《意大利人学汉语》、匈牙利的《匈牙利汉语课本》等皆是中外合作的典范之作。目前越来越多的海外在线教育平台投入到国际中文数字资源建设中来,为国际中文教学资源的本土化发展增添了新的活力。多方力量在协同发展中逐步形成"国际中文教学资源建设共同体",营造出和谐、发展、共赢的资源建设生态环境,充分调动了需求国的能动性,释放了需求潜力。

资源建设应该继续以开放包容的姿态创新资源建设渠道,构建资源"众筹+共享"机制,充分调动所有从业者、教师和学习者的积极性和创造性,集众人之智,筹众人之力,使资源的使用者成为资源的建设者,以灵活多样的汇聚方式,促进国际中文教学资源的多样性和可持续性发展。要让资源"活起来",同世界各国共享共建资源。

(三)深化技术应用,打造中文"新基建"

科技使教育生态和学习方式发生了深刻变革,成为推动教学资源发展与变革的重要力量。我们要把握数字化、信息化、智能化融合发展的契机,以信息化、智能化为杠杆培育新动能①,打造中文教学新基建。教学资源亟待与新技术全方位深度融合,发挥新技术的价值和作用,提升国际中文教育品质。国际中文教育相关机构要加快利用信息技术打造新平台,开拓基于信息技术的教育新模式。新模式需要教学内容的进一步整合和融合开发、多种资源的协同配置,构建坚实的教学资源信息化基础;需要利用好虚拟现实、增强现实、知识图谱、人工智能、人机交互、区块链等新技术,进一步丰富资源的形态与功能,创建新形态教材的编写模式,实现教学应用场景的全面覆盖,提升资源的助教、助学、助用等功能。

要积极探索创建智慧型教育资源,为中文学习者构建"时时可学、处处能学、自主选择"的个性化智慧学习空间;为教学者提供体系完备、资源丰富、便捷高

---

① 《习近平在中国科学院第十九次院士大会、中国工程院第十四次院士大会开幕会上发表重要讲话 瞄准世界科技前沿引领科技发展方向 抢占先机迎难而上建设世界科技强国》,《中国纪检监察》2018 年第 11 期。

效,能与学习者实现无缝对接的智能型支撑平台;为研究者创设协同研究、创新试验、成果转换的,可长期持续发展的跨学科研究环境;为管理者构建大数据驱动、全流程管理、全方位服务,实时高效、自适应、智能化的辅助决策体系;为合作伙伴搭建一个能精准有效对接、平等广泛参与,各取所需、各展所长的交互协作平台。为国际中文教育搭建数字转型、智能升级、融合创新等服务的基础设施体系。

自1958年起,回顾中文教学资源建设近70年的成就,我们深刻地体会到日益增长的中文教学需求是教学资源发展的根本动力。为回应并满足需求,我们要勇于探索创新,整合学科资源,努力推出更多优秀的国际中文教学资源,探索出具有中国特色的中文教学资源国际化、专业化、精品化、智慧化发展道路,为促进中外人文交流和民心相通、推动人类命运共同体构建作出更大贡献。

第二节　孔子学院教学资源建设现状与展望

自2004年全球第一所孔子学院在韩国首尔开办以来,中文教学始终是孔子学院的核心任务,教学资源成为保障孔子学院日常教学的必要手段。截至2019年12月,全球已有162个国家(地区)设立了550所孔子学院和1172个中小学孔子课堂①,教学资源建设关乎孔子学院教学质量与可持续发展。

随着全球孔子学院规模不断扩大,国内外孔子学院研究逐步升温。研究视

---

① 参见孔子学院官网新闻 www.hanban.org/article/2019 - 12/11/content_795884.htm。

角主要有空间分布①、可持续发展②、跨文化传播③、经济价值④、文化软实力⑤等。孔子学院教学资源研究主要涉及单体孔子学院或国别、区域孔子学院教学资源开发与应用,多来自研究者个体经验和感性认识,缺乏量化实证研究,研究视角较为微观,研究结论信服力不足。

笔者将 2006—2019 年《孔子学院年度发展报告》⑥(以下简称"《发展报告》")中的教学资源相关内容建成数据库,基于数据与事实,力图展现 14 年孔子学院教学资源发展全貌,并在此基础上提炼特点、提出建议,以期对孔子学院教学资源内涵式发展有所裨益。

一、建设概况

(一)政策与举措

2006 年发布的"六大转变"⑦明确了教学资源的发展方向,促使中文教学资源建设的重心发生了转移:由对外汉语教材向海外中文教材、由专业型教材向普及型教材、由成人教材向儿童教材、由纸质教材向网络多媒体教材转变。教学资源的推广方式也随之改变:由政府主导转变为政企协作,由中方主导转变为国际合作,由主管部门主导转变为多部门多单位配合。

---

① 高永安:《十年来孔子学院的布局及其相关性报告》,《华南师范大学学报(社会科学版)》2014 年第 5 期;黄湄:《优化孔子学院布局 助力"一带一路"建设》,《中国高等教育》2017 第 24 期;王辉,陈阳:《基于大数据的"一带一路"沿线国家孔子学院分布研究》,《云南师范大学学报(对外汉语教学与研究版)》2019 年第 1 期。
② 吴应辉:《关于孔子学院整体可持续发展的一个战略设想》,《云南师范大学学报(对外汉语教学与研究版)》2009 年第 1 期;李宝贵:《新时代孔子学院转型发展路径探析》,《云南师范大学学报(哲学社会科学版)》2018 年第 5 期。
③ 安然,魏先鹏:《孔子学院跨文化传播模式研究》,《对外传播》2015 年第 1 期。
④ 宁继鸣:《汉语国际推广:关于孔子学院的经济学分析与建议》,博士学位论文,山东大学,2006;连大祥,王录安,刘晓鸥:《孔子学院的教育与经济效果》,《清华大学教育研究》2017 年第 1 期。
⑤ Paradise,J. "China and International Harmony:The Role of Confucius Institutes in Bolstering Beijing's Soft Power," *Asian Survey*,2009,49,(4):647 – 669;Lo,J. T. & Pan,S. "Confucius Institutes and China's Soft Power:Practices and Paradoxes," *Compare:A Journal of Comparative and International Education*,2016,(4),512 – 532.
⑥ 《发展报告》是孔子学院总部发布的权威性官方文件,公布其年度工作要点和最新数据,由孔子学院总部提供。孔子学院总部自 2020 年 7 月更名为中外语言交流合作中心。
⑦ 章新胜:《加强汉语的国际传播 促进多样文化的共同发展》,《求是》2005 年第 16 期。

2013 年初发布的《孔子学院发展规划（2012—2020 年）》①（以下简称"《发展规划》"）从目标、任务、项目三个层面对教学资源研发与推广提出具体要求和措施，有力地保障了"六大转变"各项政策的延续与深化，多类型、多层次、普及型、外向型、体系化、数字化的教学资源研发举措更加详实，聚力、协作、联动的推广模式得以延展。

（二）教学资源研发

1. 多类型多层次教学资源研发

《发展规划》中提及的新品种②为当年最重要的教学资源研发项目。2006—2019 年，共研发新品种 56 个。其中，2007—2009 年是研发高产期，2009 年达到峰值，共 11 个品种：《轻松学汉语（少儿版）》《中外文化交流故事丛书》《中国蒙学经典故事丛书》《江南水乡》《每日汉语（学习课件）》《汉语图解小词典》《汉语快乐读写》《汉语词汇与文化读本（俄语版）》《汉语教学直通车》《汉语交际口语》和 Discover China。新品种包括教材（20 种，36%）、文化读物（11 种，19%）、工具书（10 种，18%）、考试辅导（5 种，9%）、数字多媒体（10 种，18%）五大类型，其中教材类占比最大。大学生及成人产品占比较大，达 41%，共 23 种，中小学生产品占比 25%，共 14 种，教师产品占比 11%，共 6 种。（见图 3 - 3、图 3 - 4）

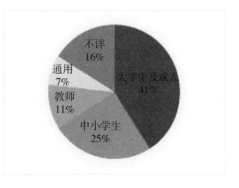

图 3 - 3　新品种类型分布图　　　图 3 - 4　新品种教学层次分布图

---

① 中华人民共和国教育部《孔子学院发展规划（2012—2020 年）》，https://www.moe.gov.cn//publicfiles/business/htmlfiles/moe/s5987/201302/148061.html。

② 此处"品种"是指产品种类，一个品种里一般包含若干册。

2. 主干教材多语种研发

孔子学院主(骨)干教材,是指孔子学院总部组织策划编写、招标出版且拥有版权的中文教材与工具书,包括《快乐汉语》《跟我学汉语》《汉语乐园》《新实用汉语课本》《当代中文》《汉语图解词典》《汉语图解小词典》《汉语 800 字》《国际汉语教学通用课程大纲》等。主干教材自 2005 年相继出版,2009 年多语种翻译工程启动。如表 3-1,截至 2019 年底,主干教材资源库含 80 个语种,6800 多册中文教材与工具书。

表 3-1　主干教材研发情况

年	主干教材数(册)	主干教材语种数(个)
2009	—	20
2010	1115	45
2014	6642	54
2015	6643	54
2016	6643	64
2017	6691	80
2018	6700	80
2019	6800	80

3. 本土教学资源研发

2013 年起,本土教学资源的数量呈现逐年增长的态势,2016 年数量较 2015 年的数量翻倍,截至 2019 年底,共有 126 个国家(地区)的 488 所孔子学院研制了 3993 册适应当地教学大纲和考试标准的本土教学资源和各类研究成果。(见图 3-5)

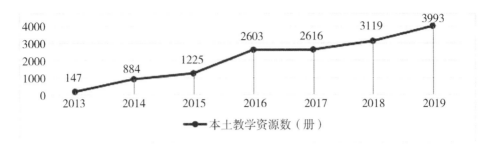

图 3 - 5　本土教学资源研发情况

(三)网络孔子学院建设

1. 定位与功能

2006 年"六大转变"提出:纸质教材面授向发展多媒体网络等多样化教学转变,2007 年网络孔子学院应运而生。表 3 - 2 可见,网络孔子学院先后在 2009、2011、2013、2018 年进行 4 次改版,每次改版,其定位与功能均发生相应变化。

表 3 - 2　网络孔子学院发展纵览

年	情况	定位与功能
2007	投入试运行	面向全球中文学习者和中文教师,提供在线课程、教学资源、孔子学院在线管理及新闻发布等多项功能
2008	正式开通	面向全球提供中文课程和教学资源,开设孔子学院论坛、资源中心、名家讲堂、网上中国文化体验中心等 10 余个栏目
2009	完成改版	基本建成以北京、上海、香港、伦敦和洛杉矶为辐射点的全球网络传输硬件平台,架设新版网站架构,启动运营 48 个中英文汉语教学和中华文化频道
2010	—	开通 9 个语种学习中心
2011	完成改版	实现 45 个语种版本上线试运行
2012	—	中国语言文化国际传播数字平台、全球孔子学院(课堂)交流及展示平台

续表

年	情况	定位与功能
2013	完成升级改造	增加了互动教学视频媒体和电子商务的系统功能,实现全新WEB2.0交互及基于MOOC(慕课)教学理念的实际应用,可为全球用户学习中文、探索中国文化提供集教学、培训、体验于一体的在线服务。
2014	—	全面开展对外汉语网络教学,采用实时互动教学方式,为广大中文学习者提供大量的在线实时授课和学习课件
2017	—	提供全球孔子学院慕课及相关服务
2018	官网改版完成	为全球孔子学院提供慕课、微课、教学资源库等资源支持,提供教、学、培、考、认证一站式服务

2. 用户量

如图 3-6 所示,网络孔子学院注册用户量从 2010 年的 10 万增长到 2019 年的 1202 万,增长了约 120 倍。特别是在 2013 年改版完成后,注册用户量增幅较大,并于 2017 年突破千万大关。2014—2019 年,学员用户量也逐年增长,2019 年达 168.8 万。注册用户量与学员用户量的平均比例约为100∶14,即平均 100 个注册用户中 14 人为学员用户。

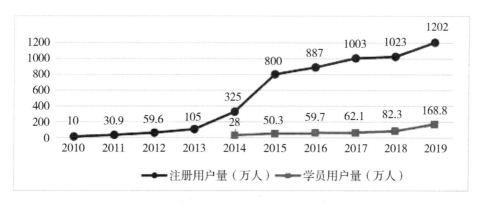

图 3-6　网络孔子学院年度注册用户、学员用户量

（四）国际推广与合作

1. 赠书情况

表 3-3 显示，年度赠书量呈"前期大起大落、后期曲折下行"的趋势，与受赠机构量的走势基本一致。2009 年赠书量和受赠机构量均达到峰值，该年度孔子学院总部向 74 个国家 230 多所孔子学院提供"长城汉语"网络课件，为孔子学院配备体验中华文化的设备，全年合计向 2169 个教学机构赠书 430 万册。2019 年赠书量落入最低值，共 16.4 万册。14 年间，孔子学院向 14105 个教学机构①（2010 年无数据）累计赠书 1463.7 万册，平均每个机构受赠约 900 册教材，平均每个面授学员受赠约 1.2 册。

表 3-3　孔子学院赠书量、受赠机构情况

年	教材赠送数（万册）	受赠机构数（个）	每个机构平均受赠册数（册）	面授学员人数（万）	每名学员平均受赠册数（册）
2006	59	839	703	1.3	45.38
2007	81.3	1616	503	4.6	17.67
2008	130	1000	1300	13	10.00
2009	430	2169	1982	26	16.54
2010	40	—	—	36	1.11
2011	272	1767	1539	50	5.44
2012	78	1660	470	65.5	1.19
2013	70	1375	509	85	0.82
2014	75	738	1016	111	0.68
2015	86	803	1071	139.4	0.62
2016	54	599	902	155	0.35
2017	45	697	646	170	0.26
2018	27	509	530	186	0.15

---

① 该数据为 2006—2019 年（不含 2010 年）受赠机构累加数，包含重复受赠机构的数量。

续表

年	教材赠送数（万册）	受赠机构数（个）	每个机构平均受赠册数（册）	面授学员人数（万）	每名学员平均受赠册数（册）
2019	16.4	333	492	181	0.09
累计值	1463.7	14105	—	1223.8	—
平均值	104.6	1009	897	87.4	1.2

从年度机构平均受赠数量来看，2009 年每个机构平均受赠册数最多，达到 1982 册，2012 年受赠册数最少，为 470 册。而年度面授学员人均受赠量则从 2006 年的约 45 册降至 2019 年的 0.09 册。

2. 推广活动

2010—2012 年，为了增强国外中文教师的教材使用能力，孔子学院总部开展了大规模教材使用培训，每年在 70 多个国家培训教师近万人。培训内容以如何使用孔子学院总部主干教材为主；培训细分为"中小学教师班"和"大学及社会教师班"，委托国内 10 余所基地院校承办，培训费用主要由孔子学院总部承担。

在历年"孔子学院大会""汉语桥—中小学校长访华之旅""'三巡'之教材巡展""孔子学院开放日"和历届"国际汉语教学研讨会"等品牌会议和项目中，中文教学资源展均为重要活动之一。每年孔子学院组织参加重要的国际书展，参展最多的年份分别是 2010 年和 2014 年，全年共参展 14 次。另外，孔子学院借助"2008 年奥运会""2009 年世界大学生冬季运动会""2010 年上海世博会"等国家重大运动赛事和国际盛会，提供中文教材服务，以增强宣传效果。

3. 国际合作

《发展报告》中记录了与美国汤姆森学习集团、培生教育、德国朗氏出版集团、英国剑桥大学出版社、法国 Utopiarts 出版公司等 14 家国际出版机构的合作项目。合作方式主要有两种：一是"1＋1"合作出版模式，即孔子学院总部与国外出版机构直接合作；二是"1＋1＋1"版权转让模式，即"孔子学院总部＋外方出版社＋中国出版社/当地孔子学院"的合作，该模式更常见。通过多方合作，版权转

让初具规模。（见表3-4）

表3-4　版权转让情况

年	项目
2012	通过版权转让，《快乐汉语》《跟我学汉语》《长城汉语》等8套教材在英国、西班牙、俄罗斯、澳大利亚、印尼等国出版发行
2013	向俄罗斯、西班牙、日本等30国转让教材版权100多种
2014	与83家国际出版机构进行了意向性洽谈
2015	转让总部教材版权30余种
2016	转让总部教材版权12种

二、建设特点

（一）"一个基调"与"两条主线"

"六大转变"与《发展规划》确定了中文教学资源"走出去"这一基调。与以往服务来华留学生教育不同，新时期中文教学资源建设关注海外中文市场，满足海外中文教学各级各类需求，突出外向型、普及型特征，着力拓宽海外推广渠道。两次规划明晰了"研发与推广"两条主线。两条主线目标一致，并重并进、互联互动，以研发为基础，以推广为手段，构建中文教学资源全方位"走出去"格局。

在研发主线上，13年间，孔子学院教学资源历经"多类型""多语种""本土化""标准化""数字化""内涵式"六个建设阶段。（见表3-5）

表3-5　孔子学院教学资源发展阶段

起始年	阶段	《发展报告》中的体现
2006	多类型	选编不同类型、不同层次、最好的教材推荐给各孔子学院选用；提供丰富的、形式多样的信息资料和辅导材料
2007	数字化	增加音像制品(2007)；多媒体中文教学资源开发(2009)；推进数字化建设(2013)；强化互联网、大数据等现代教学手段应用(2017)；加强数字资源建设，升级网络孔子学院(2019)

续表

起始年	阶段	《发展报告》中的体现
2009	多语种	重点教材和工具书多语种翻译工作全面展开(2009);开发多语种骨干教材(2018)
2012	本土化	支持孔子学院开发本土教材(2012);鼓励各国孔子学院开发本土教材和教学读物(2018)
2013	标准化	加强教材标准建设;实现标准、课程、教材、测试相统一
2015	内涵式	强化质量建设;促进内涵发展(2015);支持中外专家联合实施精品教材工程(2019)

推广的重点在于"力度"与"广度",即始终围绕"加大推广力度""拓宽推广渠道"两个方向展开,特别强调"赠书""培训"两项措施。其中五份《发展报告》中均提及赠书措施:"改革赠书机制""丰富赠书品种""提高赠书效益""启动并升级赠书平台"。2011 年《发展报告》中提出"加大教材使用培训力度",随后三年"教材培训"活动和受训人数连续增长。

(二)规模不断扩大,体系基本形成

规模扩大主要体现在四方面:一是新品种数量增多,其中不乏精品,如《新概念汉语》《HSK 标准教程》《YCT 标准教程》《中国人的生活故事》《汉语图解词典》等。二是类型层次丰富,不同国别、语别、媒介质、面向不同人群、课型、级别的教学资源日益齐备。三是语种数量攀升,2017 年语种数量达到 80 种,8 部主干教材和工具书以及诸多品牌教材均不同程度地实现了"多语种化"。四是供给数量扩大,"孔子学院赠书网"可供教材数量达到 4655 种①,年平均赠书量约为100 万册。

随着品种、语种增多,"2 + 5 + 5"中文教学资源体系逐渐形成,即以学习者、教师为两大使用群体,以中文教材、文化读物、考试辅导、工具书、数字多媒体为

---

① 此处"品种"是指产品种类,一个品种里一般包含若干册。

五大类型,涵盖学前教育、基础教育、职业教育、高等教育、社会教育五大层次。在此基础上,《快乐汉语》《体验汉语》《汉语乐园》《跟我学汉语》《轻松学汉语》《新实用汉语》《新概念汉语》等中文教学资源品牌集群逐步建立。

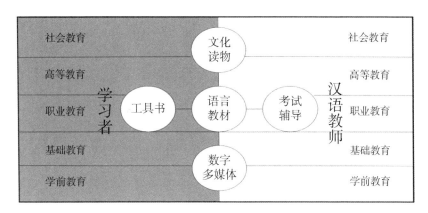

图3－7 "2＋5＋5"汉语教学资源体系

(三)结构有待优化,精品率亟需提高

但资源结构仍存在两大缺陷:一是文化读物和工具书偏少,新品种中的文化读物项目仅有《中国常识系列》《中外文化交流故事》《中国蒙学经典故事》《中国好东西》《中国人的生活故事》,工具书只有《汉语800字》《汉语图解词典》《汉语图解小词典》,整体呈现"语言强、文化弱、教材多、辞书少"的面貌;二是中小学生、教师发展用书偏少,立项并出版的中小学教材只有《新乘风汉语》《轻松学汉语(少儿版)》《YCT标准教程》,教师发展用书多为大纲和标准。可见,资源供给在中文教学快速低龄化与中文教师整体匮乏的形势下,仍显乏力。

56个新品种中"精品率"不高。为俄语区国家、西班牙语区国家开发的教材、英国A-level考试1—12年级"中华文明"系列读物、《孔子学院汉外双解词典》等项目也未能如期面世。

(四)国别定制教材鲜见,本土教材使用效益较低

尽管80个语种版本快速实现了中文教材全球"广覆盖",为国别、语别、区域定制的中文教材仍显稀少。规划并出版的国别教材只有《体验汉语(泰国)》《新

丝路汉语(吉尔吉斯斯坦)》《精英汉语(葡萄牙)》,这显然没有跟上中文不断进入外国国民教育体系的步伐。

2019 年本土教材数量已达 3993 册,但这些教材大部分还只是"自编讲义"。在内容上,它们是根据教师个人的教学需要和经验,或为孔子学院的特色课程而编写,过于个性化,普适性不强;在质量上,它们还不是正式出版物,质量仍有待提升;在使用上,它们通常只在该孔子学院内部使用,推广受限,使用效益较低。

(五)平台建设受到重视,国际影响力有待提升

网络孔子学院是互联网时代的产物,在积极推进"互联网 + 教育"的大背景下,逐步发展壮大,成为展现、传播中文与中华文化的重要窗口。2017 年平台注册用户突破千万,2019 年平台注册用户达 1202 万,学员用户为 168.8 万,彰显其品牌价值和发展潜力。

但通过"Alexa"网站流量考察,与其他国际语言文化传播机构网站相比,网络孔子学院的全球排名和访客排名均处落后地位,网站价值和国际影响力还有巨大的提升空间。(见表3-6)

表3-6　主要国际语言教学机构网站的全球排名和访客排名①

国际主要语言文化传播机构网站	全球排名	访客排名
英国文化委员会 britishcouncil. org	2133	2414
歌德学院 goethe. de	10340	11599
塞万提斯学院 cervantes. es	16494	17576
法语联盟 alliancefr. org	260401	288006
网络孔子学院 chinesecio. com	283840	277862

(六)平台定位飘移,资源缺乏整合

10 年间,网络孔子学院经过 4 次较大改版。2007—2008 年,网络孔子学院定

---

① 根据 www. alexa. cn 网站 2019 年 7 月 29 日查询结果。

位为"资源平台";2009 年首次改版完成,增加了语种频道,重新划分了板块内容;2011—2012 年,其定位改为"资源 + 多语种 + 线上活动"平台;2013—2016年,网络孔子学院改版为"在线实时互动教学平台";2017—2018 年,又改版为"慕课平台"。(见表 3 - 1)每次改版,平台定位、功能与内容都会进行较大调整。"颠覆式"改版不仅耗费资金,也不利于平台吸引优质资源,不利于持续培育用户,影响其稳定发展。

除网络孔子学院以外,孔子学院开展了"多库多平台多资源"建设,涉及"主干教材库""本土教材库""教学案例库""中外文化差异案例库""国际中文教材编写指南平台""孔子学院数字图书馆""孔子学院赠书平台"等。另外,配合立项教材开发的课件、音视频、动画等素材型资源十分丰富。但遗憾的是,大部分资源分散各处,未能有效统筹与整合,对网络孔子学院的资源支撑有限。

(七)赠书理念悄然变化,市场运作仍需时日

《发展报告》中先后使用了教材"配送""赠送""赠售"三种措辞,这反映出孔子学院教材"由配转赠、由赠转售、以赠促售"的推广理念逐步变化。从数据看,年度赠书量下降,机构年均受赠册数与学员人均受赠册数都在"调整下行",说明孔子学院也在摸索从"计划配给"到"市场运作"的路径。虽然《发展报告》中未标明"售书"的比例,但"售书"占比仍较低,"由赠转售"仍困难重重。其原因有三:一是下属孔子学院"造血"能力不足,无法支付日常教学中的教材费用,仍需总部资助;二是前些年赠书太多,目前仍在"消化"库存;三是运费高于书价,学校预算无法支付运费。

(八)推广活动常态化,版权转让比例待提高

教材培训经历了从"无意识"到"有意识"、从"专项"到"专题"、从"集中"到"分散"的三种变化。自 2010 年,孔子学院认识到教材使用培训对提高教学质量、促进教材推广的积极意义,随即在 2010—2012 年开展了教材使用专项培训;2013 年教材专项培训逐渐取消,教材培训融入常规教师培训项目,成为重要的专题课程;此外,由各地孔子学院、教学机构、出版机构举办的教材培训丰富多彩,特别是基于新媒体技术的线上培训、直播课程,为学员提供了极大便利。

孔子学院总部以举办、承办、协办、参与等多种形式开展教材展览活动。在常规工作基础上,不断与时俱进、增添亮点。例如,近年来在教材展中新增新技术展区、文化创意展等,体现了教学资源与技术相融、语言与文化互润的时代特征。

版权转让是实现教材本土"落地"的重要方式,逐渐受到孔子学院重视。但与孔子学院 14 年来主干教材(6800 多册)、本土教材(3993 册)研发总量相比,版权转让的数量并不多,范围也不广。

三、思考与建议

(一)加大海外国民教育体系内中文教学资源建设

保障优质教学资源供应,有助于夯实中文在对象国教育体系内的地位。海外教育体系内中文教学资源研发可采取两种模式:一是"他国主导,我国辅助",该模式适用于中文教学基础较好的国家,有利于激发对象国教学资源发展的内在动力;二是"两国合作,共同组队",对此,我国主管部门可进行公开招标,对研发团队设定必要条件。对于市场前景较好的项目,主管部门可以"不投资,只授权",中标团队享有版权及所属权利;如果市场前景尚不明朗,主管部门可以"适当投资,独/分享版权"。最重要的是,主管部门应在中文进入国民教育体系的国家中,选取重点,推动教学资源试点建设,摸索出几个可以"复制"的典型案例,以点带面,通过一国教育体系内教材建设带动所在区域中文教学发展。

(二)落实"中文 +"教学资源开发

"一带一路"建设引领汉语教学进入新阶段。在"一带一路"倡议下,越来越多共建国家将汉语纳入国民教育体系,共建国家设立的孔子学院明显增多,中文教育需求趋向实用、多元,"中文 +"项目应运而生。"中文 +"的内涵十分丰富,狭义上可看作"中文 + 专业/职业/行业/技术"的新教学理念,广义上看,"中文 +"为国际中文教育注入新动力、营造新生态,国际中文教育将从大众普及阶段步入多元实用阶段。"中文 +"项目的意义也不单纯是中文与内容的融合,而是以服务"一带一路"建设为目标,与当地社会发展的深度融合。面对中文教学资源的新需求,孔子学院应在供需双方之间架设"高速路",将"中资企业""当地社团"等新生力量纳入资源建设的"朋友圈",共同探索"中文＋"教学资源建设的实现途径,尽快填补"中文＋"教学资源空白。

(三)多举措促进中文教学资源研发提质增效

当前,中文教学资源面临着精品供给不足,创新驱动薄弱,产品结构失调等问题。为此,本节建议采用以下措施:第一,增强研发的科学含量。充分发挥国内高校国际中文教学资源研发基地的科研专长,委托其开展针对性课题研究;充分利用孔子学院总部科研基金,精心设计课题指南中相关项目,注重理论与实践的关联性;成立专家委员会,就重大决策召开高端研讨,做到"回归科研、善用科研、转化科研"。第二,引入"合格评价＋水平评价"的教材评价机制。利用"合格评价"建立准入机制,合格教材进入孔子学院总部教材推荐目录,登陆"赠书网",进入全球孔子学院教材发行网络;通过"水平评价"建立选优机制,对年度优质教材给予嘉奖,激励教材研发的积极性。引入第三方评价,力求评价客观公正,达到以评促建的目的。第三,优化升级资源结构。一方面应"做加法",鼓励优质教材修订升级,激励"需求驱动"下新品种创新研发,提供高端化、定制化、精品化产品与服务供给,扩大品牌效应。完善各类标准和大纲,尽快出台《中华文化教学课程大纲》,研制中华文化主干教材,补充文化辅助读物及各类工具书,将研发"重心下沉",侧重基础教育和职业教育中文教材开发。另一方面要"做减法",淘汰"低供给"产品,消库存、降成本、提高产销比,为优质教材释放充足的市场空间。

(四)持续加强孔子学院数字化建设

孔子学院数字化建设应考虑以下三个方面:(1)面向未来,面向世界。将云计算、大数据、物联网、移动互联网、AR、VR、人工智能等新技术和孔子学院中文教育、运行管理深度融合,迎接5G时代的到来。应对全球数字鸿沟,面向世界范围内不同群体的学习需求构建多元化、个性化的网络学习环境。(2)共建共享,互联互通。建立资源共建共享的开放合作机制,出台《孔子学院在线课程立项指南》《孔子学院在线资源建设基本规范》《数字孔子学院学分认证办法》等一系列指导性文件,加强资源质量审核,增强知识产权保护意识。深化信息技术与中文教学融合,引领教育理念与教育模式创新,实现线上资源与线下课程互联,数字孔子学院与实体孔子学院互通。(3)加强管理,安全运维。明确在线资源建设、管理、服务的主体责任,加强在线资源建设师资、使用师资、技术人员培训,遵循国家网络与信息安全的政策法规,确保网络空间核心数据安全。

(五)分层推进中文教学资源市场化

当前,中文尚未成为大多数外国学习者的首选语言,中文教学国别、区域不平衡性显著,中文学习需求多元、个性、分散,这都令我们清醒地看到,国际中文教学资源的全球市场化尚待时日。但随着中国的持续稳步发展,中文的经济价值不断提升,科学评估国别市场环境,积极开展商业布局,分层次、递进式推进国际中文教学资源市场化运作,显得尤为重要。在分层和布局中应考虑两个方面:一是当地中文教学生态圈的成熟度。对中文教学成熟国家,应保持高层对话,减少行政干预;对中文教学新兴国家,应多方协作,培育市场;对中文教学欠发达国家,应政策倾斜,提供援助。二要配合"中国特色大国外交"战略,积极参与"一带一路"建设,分国别、分类型、分重点建立市场运作机制,联合国内外机构孵化优质项目,善用"合作出版、版权输出、实物出口"三种主要海外推广模式,遵循当地市场普遍规律,推动国际中文教材进入海外主流市场渠道。

(六)构建"国际中文教学资源建设共同体"

教材是体现、传播国家意志的重要场域。[①] 每个国家对本国教材编写与采用均有各种政策规定,甚至是严格把控。可见,国际中文教材进入对象国主流教育体系,绝非易事。然而,国际中文教材以中国语言与文化为主体内容,具有全方位展现国家软实力、树立国家形象的功能,从这个角度看,国际中文教材"走出去"意义非凡。当前,国际中文教学资源的研发与推广投入大、回报小、难度高、利润低,行政机构、研发单位与个体均面临重重困阻。在这种情况下,更需要所有从业者坚定"共同体"意识,树立文化自信,消除利益羁绊,营造和谐、发展、共

---

① 陈月茹:《中小学教科书改革研究》,教育科学出版社,2009,第128-130页。

赢的国际中文教学资源建设生态环境。

第三节　国际中文教材国家形象建设

中国国家形象的塑造与传播具有重要的战略意义。2013 年 12 月 30 日，习近平总书记在中共中央政治局第十二次集体学习时首次提出"要注重塑造我国的国家形象"①。2021 年 5 月 31 日，习近平总书记在中共中央政治局第三十次集体学习时进一步强调："展示真实、立体、全面的中国，是加强我国国际传播能力建设的重要任务。"②习近平总书记从国家战略的高度强调了新形势下加强我国国际传播能力的重要性和必要性，提出向当今国际社会"展示真实、立体、全面的中国形象"是"加强我国国际传播能力""提升我国文化软实力"的重要实践途径。

国家形象研究始于 19 世纪 50 年代，涉及政治学、外交学、传播学、国际市场学、公共关系学等多个学科领域。近年来，教材中的国家形象成为语言教育研究的热点，如英语作为第二语言教材中的多元文化价值观③、文化及意识形态④、新

---

① 习近平:《建设社会主义文化强国 着力提高国家文化软实力》,新华网:http://www. xinhuanet. com/politics/2013 - 12/31/c_118788013. htm。

② 《习近平主持中共中央政治局第三十次集体学习并讲话》,中国政府网:http://www. xinhuanet. com/politics/2013 - 12/31/c_118788013. htm。

③ Setyono, B. & Widodo, H. P. "The Representation of Multicultural Values in the Indonesian Ministry of Education and Culture-Endorsed EFL Textbook: A Critical Discourse Analysis," *Intercultural Education*, 2019, 30 (4).

④ Camase, G. "The Ideological Construction of a Second Reality: A Critical Analysis of a Romanian EFL Textbook", Unpublished Ph. D. Thesis at University of Toronto (Canada), 2009; Weninger, C. & Kiss, T. "Culture in English as a Foreign Language (EFL) Textbooks: A Semiotic Approach," *TESOL Quarterly*, 2013, 47(4); Lee, J. F. "Gender Representation in Japanese EFL Textbooks – A Corpus Study," *Gender and Education*, 2018, 30 (3).

自由主义话语建构①等主题。国际中文教材是中文和中华文化国际传播的主要载体,是外国学习者学习中文的重要工具,是展示中国形象的重要窗口。国际中文教材的国家形象研究数量较少,国外研究主要侧重文化价值观和国家认同②。中国知网期刊数据库中能够检索到的相关论文仅 10 余篇,主要是对教材中人物形象、文化形象、城市形象等的考察和分析,樊小玲则从传播学视角探讨了国际中文教材的话语实践功能③。总体来看,学界对国际中文教材国家形象研究关注不足,国家形象的建构策略及其顶层设计亟需进一步加强。在当前推进我国文化强国战略、促进中外文明交流互鉴、构建人类命运共同体的时代背景下,国际中文教材塑造并传播良好的中国形象,丰富中国形象的国际表达,具有重要而特殊的意义。

一、国际中文教材国家形象的内涵

中外学者对国家形象的概念进行了多维度诠释,较为典型的定义有:国家形象是"关于某一具体国家的描述性、推断性、信息性的信念的总和"④。国家形象是"国际社会公众对一国相对稳定的总体评价",是"国家的客观状态在公众舆论中的投影,也就是社会公众对国家的印象、看法、态度、评价的综合反映,是公众对国家所具有的情感和意志的总和"⑤。由此可见,国家形象首先兼具整体性和多样性,整体性是指对一个国家形成的总体的、综合的印象,这种印象既可以是个体形成的也可以是群体构成的;多样性是指国家形象的构成要素繁多且庞杂,

① Chun,C. W. "The 'Neoliberal Citizen':Resemiotising Globalised Identities in EAP Materials," in J. Gray (ed.),*Critical Perspectives on Language Teaching Materials.* ,Palgrave Macmillan,London,2013;Xiong,T. & Yuan,Z. M. "'It Was Because I Could Speak English That I Got the Job':Neoliberal Discourse in a Chinese English Textbook Series," *Journal of Language,Identity & Education*,2018,17(2).

② Curdt-Christiansen,X. L. "Reading the World Through Words:Cultural Themes in Heritage Chinese Language Textbooks," *Language and Education*,2008,22(2);Wang,D. "Learning or Becoming:Ideology and National Identity in Textbooks for International Learners of Chinese," *Cogent Education*,2016,3(1).

③ 樊小玲:《汉语教科书话语实践的功能维度与中国形象的传播》,《现代传播(中国传媒大学学报)》2019 年第 10 期。

④ Martin,I. M. & Eroglu,S. "Measuring a Multi-dimensional Construct:Country Image," *Journal of Business Research*,1993(28).

⑤ 刘小燕:《关于传媒塑造国家形象的思考》,《国际新闻界》2002 年第 2 期。

这些要素中既有抽象的也有具体的,既有直接的也有间接的。其次,国家形象兼顾客观性和主观性,客观性在于"国家"是一个实体,由千千万万的有形物质和客观存在的现象构成,主观性则体现在它是公众的价值判断①。最后,国家形象具有主体间性②,它是自我建构(也称为自塑)与他者建构(也称为他塑)共同作用的结果,也是自我认知(本国表达与感知的国家形象)与他者认知(他国感知与认同的国家形象)相互作用的传播过程③。

教材是根据一定学科的任务,编选和组织具有一定范围和深度的知识技能体系,一般以教科书的形式来具体反映。④ 国际中文教材是教材的一个特定门类,指的是以国内外中文学习者为教学对象,以中国语言文字和文化为基本教学内容,以培养学习者中文交际能力和跨文化交际能力为目标的第二语言教材或外语教材。国际中文教材是体现国家形象的重要场域,并以塑造中国国家形象为主题和重点。国际中文教材中的中国形象是中国的客观形象经过编者的理解、组织和再创造,借助国际中文教材这一对外教学媒介传达给外国学习者,学习者再通过学习行为和知识技能内化,形成对中国形象的自我整体感知和价值判断。在此过程中,它一方面是教材编者对中国形象的塑造和构建,映射的是编者对中国形象的整体理解。需要强调的是,编者既可能来自中文母语国,也可能来自非中文母语国,还可能是两者的组合团体,形成自塑、他塑、合塑不同视角的中国形象。另一方面,它也是学习者对教材中的中国形成的印象、看法、态度、评价的总和。

国际中文教材的受众、内容、性质、功能决定了这一重要国际传播媒介中的中国形象具有极强的特殊性。第一,与文学和影视作品相比,国际中文教材反映的中国形象更加真实客观,文学和影视创作大多是基于个体经验和主观感受的

---

① 范红:《国家形象的多维塑造与传播策略》,《清华大学学报(哲学社会科学版)》2013 年第 2 期。

② 赵杨:《"自我"与"他者"视角下的国际中文教育主体间性研究》,《民族教育研究》2021 年第 5 期。

③ 杜雁芸:《国家形象的内涵及中国国家形象塑造》,《南京政治学院学报》2008 年第 4 期。

④ 中国大百科全书总编辑委员会《教育》编辑委员会:《中国大百科全书·教育》,中国大百科全书出版社,1985,第 144 页。

虚构故事,而国际中文教材旨在提高学习者的中文交际能力,强调中文的交际性和工具性,教材设计的交际目的、交际语境、交际话语都近乎真实,反映的语言文化事实基本客观。第二,与报纸、广播、网络等媒体相比,国际中文教材更加凸显教学性和教育性,具有教学和育人的功能,尤其强调知识的权威性和语言的规范性,它构建的中国形象对学习者会产生直接的,甚至是长远的、根本的影响。第三,与一般书籍和其他教材相比,国际中文教材更加注重民族性与国际性的统一①,民族性是指国际中文教材以中国语言文字和中华文化为主要教学内容,这使得国际中文教材具有与生俱来的中华民族文化特性和家国情怀,其中华文教材更加强调民族和文化传承的功能;国际性主要体现为教材的受众是海内外广大中文学习者,其中大部分受众为母语非中文的学习者,而且他们身处海外各国,这就要求国际中文教材的表达必须适应世界语境、具备国际视野。

二、国际中文教材国家形象的"内刚"与"外柔"

国际中文教材体现的中国形象具有整体性。教材是课程的物化形态,是课程知识的物质载体,这就决定了它具有"外显"形象和"内在"形象构成的一组二元结构。"外显"形象具体指通过文字、图片、声音、影像等符号或信息呈现出的外在的、显性的、可见的、具体的形象,构成要素包括但不限于中国的政治形象、经济形象、社会形象、文化形象、人物形象、城市形象、生态形象等;"内在"形象是指教材将学科发展水平、技术融合程度、教材研发能力等综合条件内化后反映出来的内在的、隐性的、抽象的形象,"内在"形象一般要通过"外显"形象具体呈现出来。"外显"形象是当前国际中文教材国家形象研究的主要范畴,"内在"形象在国际中文教材整体形象塑造中发挥着举足轻重的作用,却容易被忽视。将国际中文教材"内外"形象统一起来,可从更为宏观的视角看待教材中国家形象的系统性建构问题。

刚与柔是一对矛盾统一体,"刚柔并济"蕴含了中国古代哲学智慧。习近平

---

① 王世友:《课程论视域下的国际中小学汉语教材研发》,《课程.教材.教法》2019 年第 2 期。

总书记在主持学习时强调:"要注重把握好基调,既开放自信也谦逊谦和,努力塑造可信、可爱、可敬的中国形象。"①这一重要论述充分体现了我国国际传播顶层设计中所塑造的"刚中带柔、柔中带刚、刚柔并济"的中国形象。国际中文教材呈现的中国形象也同样需要"刚"与"柔"相得益彰,既要"自信、坚定、强大",又要"柔和、温暖、亲切"。

我们认为,国际中文教材在当今时代背景下应注重塑造"内刚外柔"的中国形象,"内刚"是指教材在语言文化、学科发展、科技支持、研制水准、出版能力等方面表现出的强大内力和实力。"外柔"是指教材在叙事题材、表达内容、话语实践、传播语境、需求关怀、呈现形式等方面体现的柔和度与亲和力。国际中文教材塑造并传播"内刚外柔"的中国形象具有重要意义:

首先,它是我国文化强国战略、提升文化软实力战略、文化"走出去"战略的迫切需要。国际中文教育是国家和民族的事业,国际中文教材建设是事业发展和学科进步的重要体现。国际中文教材具有与生俱来的中华文化基因,肩负中国形象国际传播的时代使命,国际中文教材的国家形象"强起来",形成同我国综合国力和国际地位相匹配的国际学术话语权,以更加开放自信的姿态"走出去",以更加可亲可爱的面貌"融进去",既符合我国国家战略的总体部署,也有利于丰富世界语言生活和文化多样性,为促进中外文明交流互鉴、推动人类命运共同体构建贡献力量。

其次,它是百年变局下提升我国国际传播能力的现实选择。百年变局之下,国际局势错综复杂,全球正处在公共卫生风险、经济金融风险、地缘政治风险、环境气候风险等多风险叠加中,反全球化、逆全球化思潮愈演愈烈。部分外国势力宣扬"中国霸权论",孔子学院被"污名化",国际中文教材也常被推到舆论斗争的风口浪尖。在新形势下,我们迫切需要国际中文教材发挥"柔性传播"的功能,"润物无声"地传播中国语言和文化,提高外国民众对中国和中华文化的认知,消

① 《习近平主持中共中央政治局第三十次集体学习并讲话》,中国政府网:http://www.xinhuanet.com/politics/2013－12/31/c_118788013.htm。

除刻板印象带来的误解误读,促进国际社会对中国形象的认同。

最后,它也是推动国际中文教育高质量发展的必然路径。国际中文教育的根本任务是让外国学习者更快更好地学习中文、了解中国文化。作为中文母语国,我们有责任为世界各国提供优质的教材及服务,优化教材呈现的中国形象,满足各国多层次中文教学需要,使中文和中华文化更具影响力、感召力、亲和力。

三、国际中文教材国家形象的"内在刚性"表达

(一)塑造文化自信形象,凸显我国文化软实力

文化自信是更基础、更广泛、更深厚的自信。坚定的文化自信有利于赋予文化主体通过深厚的民族文化内涵和饱满的民族精神状态来塑造良好的国家文化形象,增强人们对本民族文化的认同,也有利于世界各国人民认识中国文化、理解中国人民的价值追求①。国际中文教材应塑造坚定自信的中国形象,这源于中华文化几千年的丰厚积淀,也来自中文母语国责无旁贷的责任和担当。

应对国际中文教材树立语言文化自信,表现为教材在中文和中华文化知识技能体系方面的深刻理解和准确阐释。中文是中国的通用语言,是中华文化的载体,是中华民族形象塑造的重要组成部分。国际中文教材的编写应基于对中文本体知识的系统化和逻辑化,应体现中华优秀传统文化的接续传承和当代阐释,应反映当代中国国情文化的历史渊源和发展脉络,应将中文和中华文化置于世界语境之中,成为世界多样语言和多元文化的有机构成。在中文知识体系方面,教材应进一步遵循科学编写规律,着力塑造中文"易学、有用、有趣"的正面形象,提升中文的经济价值和交际价值,提高中文的国际声誉;在文化知识体系方面,教材应树立中华文化"丰富多彩、开放包容"的积极形象,增强文化主题的丰富度和趣味性,以丰富多元的文化内容构建全面立体的中华民族文化形象,在与他国语言文化比较中增进中外文明交流互鉴。对文化体系中的政治文化、制度文化、价值观文化既不能刻意回避也不要鼓吹炫耀,而是要在深刻认识中国特色

---

① 代悦,张永红:《文化自信与国家形象的逻辑关系》,《人民论坛》2019 年第 26 期。

社会主义思想文化的基础上,着力优化叙事结构和表达方式,深入浅出、准确无误、客观平和地阐释中国的政治体制和核心价值观。另外,教材所反映的中文和中华文化知识技能体系应形成国际标准,这有利于国际中文教材在国际第二语言教育领域塑造标准化的权威形象,展现学术实力。

应对国际中文教材树立教学理论自信,表现为教材在中文作为第二语言/外语教学法理论方面的突破与创新。教材是展示教学法思想的重要平台,国际中文教材已从语文教科书中独立出来,并在充分继承中文作为第二语言/外语教学法理论精髓,选择性吸收国内外其他二语教学法理论成果的基础上,创造性地确立了"结构—功能—文化相结合"的教学思路,对西方第二语言教学法理论进行了有益补充。国际中文教材向来重视学习、研究国内外第二语言教学方法和理论,并善于将其运用于教学实践和编写实践中,进行中国化改造,初步形成了兼具中国特色和国际视野的教材建设体系。当前世界范围的教育组织方式和教材形态发生了巨大变革,国际中文教材应立足世界各地、线上线下各场域的中文教学实践,积极探索、总结中文教学的经验和规律,将中文本体研究、中文作为第二语言的习得和教学法研究精华吸收到教科书编写中来,形成"教学实践与研究——教材编写实践与研究——教学实践与研究"的完整闭环和良性循环,推出一系列中国原创的第二语言教学和教材编写方法,实现对西方二语教学法理论的超越。

应对国际中文教材树立发展道路自信,表现为我们对过去近70年教材建设成就的经验总结及未来规划。近70年来,国际中文教材建设顶层设计成效显著,全球中文教材达19530种,涵盖80个语种,年均发行世界101个国家的1200余个中文教学机构,融入20余个国家国民教育体系,国际中文教材"走出去""融进去"的发展格局基本形成①。教材建设是我国语言规划的重要组成部分,国际中文教育正迈入高质量、内涵式发展阶段,因此更应该注重科学规划教材建设的

---

① 马箭飞、梁宇、吴应辉,等:《国际中文教学资源建设70年:成就与展望》,《天津师范大学学报(社会科学版)》2021年第6期。

发展道路。教材规划应明确指导思想和发展目标,落实重点任务和行动计划,围绕国际中文教材如何践行习近平总书记重要论述以及国家强国战略等重大问题开展研究和实践,注重教学资源生态发展中的优胜劣汰法则、竞争共生法则、循环再生法则等,充分调动市场机制、反馈机制等,促进全球中文教材的高质量、可持续发展。正如对外日语教材给人清新简洁的印象,对外法语教材力求传递法国精神等,国际中文教材规划还应重视形象规划,首先应对现有教材中的国家形象开展大范围调查,包括对教材内容的分析和对教材使用者的形象认知调查,将二者结合以便全面了解国际中文教材中国家形象的建设情况,并在此基础上提出优化策略。总之,国际中文教材建设规划是一个系统工程,但将规划转化为行动有助于塑造我国在全球中文教材发展中"负责任、有担当"的国家形象。这种宏观、整体、正面的形象塑造尤为重要。

(二)打造科技赋能形象,彰显我国国家硬实力

科技强则国家强。纸本早已不是教材唯一的呈现形态,科技进步与融入成为推动教材发展与变革的动力引擎。近年来国际中文教材逐步走向资源化、数字化、智能化,资源规模和产业模式迅速形成。智能机器人"阿尔法蛋"在2017年度"汉语桥"中文比赛中运用中文和外国友人自如对话;"中文联盟数字化云服务平台""国际中文智慧教育云平台"在中文教学资源和平台建设方面进行了有益尝试;华文教育区块链平台"梅兰书院"面向海外华校开展华文和中华文化课程教学;虚拟仿真实验"新时代中国故事"尝试采用虚拟现实技术,让学习者具有身临其境的学习体验。国际中文教材的"数字化""智能化"形象体现了教育与科技的深度融合,彰显出国家的"硬核"实力。

塑造国际中文教材的"科技"形象,应进一步加大资金和技术投入,加强中文教学资源和平台的基础设施建设,切实提高国际中文在线教学资源的储备和供给,推动教学改革与创新,提升国际中文教育整体服务能力。首先,要重视教学内容资源的基础性开发。数字时代依然要坚持"内容为王",教学内容是构成教科书的基本要素,教学内容体系化是教科书的存在形式。然而数字时代的教学内容不再拘泥于文字和图表,其类型不断丰富,音视频、网络课程、自媒体,甚至

评论、弹幕都成了教学内容的组成部分。为此,教学内容的融合开发、多种资源的协同配置,是国际中文教材数字化工程中一项重要的基础性工作。其次要注重资源共建共享机制建设。其中包括资源建设机制、资源监管机制、资源审查准入机制、资源更新迭代机制、资源服务绩效评价机制、资源知识产权保障机制等。一方面,以科学规范的建设标准和灵活多样的汇聚方式,提高优质资源建设、汇聚、整合的规模、质量和效率,建设各类数字教学资源库,提供教师教研、备课工具,为线上线下国际中文教学提供更为有力的支持;另一方面,探索人工智能技术支持下的资源审核模式,利用区块链技术保护资源知识产权,通过用户评价和第三方评价,推动基于评价的资源动态更新和升级,实现资源的迭代优化和可持续发展①。再次要鼓励基于新兴技术的资源开发与应用。利用虚拟现实、增强现实、知识图谱、人工智能、人机交互、区块链等新技术,进一步丰富资源的形态与功能,努力实现教学应用场景的全面覆盖。最后要深化科技赋能的中文教学模式改革与创新。一要鼓励基于数字资源的教学实践,在提高教学效率的前提下及时总结规律、提炼模式;二是以适配资源促进全球中文教育均衡发展,缩小"数字鸿沟",以开放的姿态同世界各国共享教育创新发展成果,融入全球数字教育创新网络。

四、国际中文教材国家形象的"外显柔性"表达

(一)展现可爱形象,提升国家叙事共情力

相关研究发现,人们接触到可爱事物后会放松警惕、消除戒心,增进温柔的情感。可爱信息是全人类通用的语言,在传播中可以提升积极情绪,弱化压力因素,增加机动技能,并且在传播中特别容易被识别②。国际中文教材塑造可爱形象,传递更加温暖、愉快、美好的积极感受,对宏大深厚的国家叙事发挥"柔化"作用,不但有助于营造快乐轻松的中文学习氛围,也能够让可爱的中国形象更加深

---

① 柯清超、林健、马秀芳,等:《教育新基建时代数字教育资源的建设方向与发展路径》,《电化教育研究》2021 第 11 期。

② 赵新利:《共情传播视角下可爱中国形象塑造的路径探析》,《现代传播(中国传媒大学学报)》2021 年第 9 期。

入人心,优化国际社会对中国的认知。讲好中国故事是新时代国际中文教材健全话语体系、优塑中国形象的关键,而面向外国学习者讲好中国故事,更要凸显可爱的叙事特质,这是对中国故事进行国际传播的有效策略,也是中国故事分众化表达的具体体现。

教材中可爱的中国故事应基于学习主体的感受,让外国学习者沉浸在故事中,通过气氛和情绪的感染产生共情。共情是一种心理上情感共振的状态,当学习者全身心投入到故事情境中,情绪、思维、观念与所学的语言文化融为一体时,共情状态由此产生,这是学习者成功习得第二语言和文化的理想条件,也是传播可爱中国形象的有效路径。可爱的中国故事需要真实生动,以增强学习的投入度;需要积极向上,以传递乐观健康的生活和学习态度;需要轻松活泼,以降低学习中的情感焦虑;需要用当代中国的故事,以消除学习者心目中对中国古老、神秘、遥远的刻板印象;需要用具有文化通感的故事①,在主体间产生情感共情。然而,上述故事创编的取向也不能走极端,感人的故事不要成为"催泪弹",要用温情动人;正能量的故事不要采用一味地弘扬歌颂的方式,宏大叙事让人心存敬畏、敬而远之,相反,平和自然的叙事更加深入人心;传统文化的故事不能全盘否定,而应"古今兼顾、以今为主,说古是为了论今,意在向中文学习者介绍当代中国的文化和习俗,展示鲜活生动、发展变化的当代中国的形象"②。价值共享的故事也不能刻意迎合西方价值观,"而是追求能够对话的人类共享价值观,如共建人类命运共同体价值观"③。根据上述原则,国际中文教材选择并创编丰富多彩的中国故事,展现中国政治、经济、社会、文化、地理、历史、生态、旅游等多角度、多侧面的形象,从而构建出真实、立体、全面的中国形象。

可爱的中国故事里离不开可爱的中国人物和美丽的中国地方。在可爱人物塑造方面,现今大部分国际中文教材(特别是初中级教材)在人物身份、外形、性

---

① 王鸿滨、杨瑶:《面向汉语国际教育课外分级读物考察》,《华文教学与研究》2021 年第 3 期。
② 李泉:《文化内容呈现方式与呈现心态》,《世界汉语教学》2011 年第 3 期。
③ 陈先红、宋发枝:《"讲好中国故事":国家立场、话语策略与传播战略》,《现代传播(中国传媒大学学报)》2020 年第 1 期。

格、观念、关系等方面都进行了精心设计,《长城汉语》中刻画了风趣幽默的李冬生、率真俏皮的王杨、温柔美丽的张园园等可爱人物,《新实用汉语课本》塑造了宋华、陆雨平等当代中国人物热情开朗、乐于助人、勤俭节约、谦逊亲和的可爱品质。真实生活中的平凡人更符合外国人对可爱人物的审美期待,李子柒通过自媒体的海外走红印证了这一点。国际中文教材也应努力从真实生活中取材,塑造中国平凡人的可爱之处,力求以草根人物打动世界,以平民视角讲述国家故事。教材采用吉祥物、卡通造型作为叙事主题和"主人公"形象,也能达到塑造可爱形象的目的。《酷熊猫》《七色龙》《轻松猫》等国际中文教材均设计了生动可爱、栩栩如生的卡通形象,很容易让外国学习者产生亲近感。由此可见,人物形象不仅是一部教材成功与否的关键,对国家形象的塑造和认知也至关重要。相关研究提出国际中文教材中的人物形象应增强教材内容的故事性、趣味性;人物应具有真实性、文化性和跨文化性;应注重人物性格鲜明多样、动态发展和情节的前后关联;人物关系应丰富,引导故事情节不断演进①,这都是塑造可爱人物形象的有效策略。

在美丽地方展示方面,很多国际中文教材将故事场景设置在中国,这为多角度展示中国的城市形象、地方特色和风土人情提供了可能。教材在地方形象塑造上,第一,要反映中国地方的多样性,中国不仅有北京、上海、广州等大城市,还有很多美丽且快速发展的新兴城市,中国不仅有城市风光,无数的村镇更具历史文化魅力。以《环球汉语》为例,这套多媒体教材采取实景拍摄的方式,设计了美国女孩 Lynn 来到中国广西阳朔教英语的故事,重点展示了阳朔、北京、西安、苏州、青海湖五个地方的秀丽景色和具体真实的生活场景,让学习者感受到中国多元的地域文化。第二,要发掘并展示中国地方的独特性和时代性。彭飞、马励励的研究发现国际中文教材塑造的城市形象存在同质化问题②。这就提示我们,国

① 朱勇、张舒:《国际中文教材中国人物形象自塑研究》,《华文教学与研究》2018 年第 3 期。
② 彭飞、马励励:《国际中文教材中的城市形象研究——以北京和上海为中心》,《海外华文教育》2019 年第 4 期。

际中文教材要善于挖掘中国各地独特的历史文化元素,展现真实而别具一格的区域形象。另外,中国的发展变化日新月异,教材应与时俱进,展现各地蓬勃发展的新面貌和新景观。第三,要注重中国地方形象的场景化塑造。教材可利用丰富多元的场景,将之设计为教学活动的环节、课文对话的背景、练习活动的元素,在学习者认知中潜移默化地塑造独特秀美的中国地方形象,可谓事半功倍的做法。

　　轻松活泼的"外形"也有助于塑造国际中文教材的可爱形象。时至今日,国际中文教材已逐渐改变教科书装订成册的死板厚重"面孔",灵活采用读本、活页、卡片、手账等方式,加入可剪、拼、贴的素材,给予学习者轻便、活泼、新颖、轻松的学习体验。让教材形式变得清新可爱,一要有创意,用独具匠心的创意形式烘托教材内容,增强教材吸引力;二要活起来,用多模态手段使教学内容更加形象直观,调动学习者的多重感官和多元智能;三要易使用,"使用友好的"(user-friendly)是学界对教材形式的重要评价标准之一,国际中文教材要在使用形式方面打造轻便易学的形象,尽可能符合他国使用者的审美情趣和使用习惯。

　　(二)呈现亲和形象,提高我国国际传播力

　　习近平总书记提出"树立平等、互鉴、对话、包容的文明观",要"以文明交流超越文明隔阂,以文明互鉴超越文明冲突"①。平等、互鉴、对话、包容的文明观为国际中文教材融入多元文化提供了理论基础。国际中文教材不仅要树立坚定的中国语言文化自信形象,还要塑造与世界各国文化平等互鉴、对话包容的亲和形象。在教育学领域,建构主义指导下的教材编制理念反对知识霸权式的话语表达,提倡将教师、学习者、教材置于对话交流的平等地位,达到"视界的融合、精神的相遇、理性的碰撞、情感的交流"的理想境界②。国际中文教材服务海外各国教育教学系统,面向各国中文教学者和学习者,更应该呈现"亲近、平和、友好"的形

　　① 《上海合作组织青岛峰会举行 习近平主持会议并发表重要讲话》,中国政府网:http://www.gov.cn/xinwen/2018－06/10/content_5297682.htm#1。
　　② 陈月茹:《中小学教科书改革研究》,教育科学出版社,2009,第51页。

象,拉近与各国人民之间的距离,让海外学习者易于接受、喜欢学习,通过教材学习增进不同文明间的相互理解和交流互鉴。

为此,我们在教材编写中,一要充分尊重他国文化传统和风俗习惯。教材内容一方面不能违反他国相关法律法规,避免涉及他国主权、安全等争议性问题,不要触犯他国民族宗教信仰和禁忌;另一方面教材也应适当展示他国的文化特色和风俗传统,如泰国中文教材中关于合十礼、泼水节的内容,意大利中文教材中的饮食文化介绍等,让学习者感受到熟悉的社会文化环境,学会用中文表达学习者母国的历史人文和文化风俗,达到语言交流、文化交融的教学目的。二要在课程设计上与他国教育体制、课程标准、教学理念全面接轨。各国教育文化、教育体制不尽相同,中文教材的国际传播应充分考虑他国的教育文化类型和外语教育特点,与他国教育体制内的课程目标、课程标准、课程设置、教学理念、教学方法细致对接,对接程度越高,教材适用性越强。较强的适用性将会促进教材的亲和力,进而提高学习者对中文和中华文化教学内容的关注度,这也是《快乐汉语》《体验汉语》等国际中文教材融入海外国民教育体系的成功经验。三要在教学内容上与他国的语言特点和社会文化进行比较与融通。中外语言对比可直观反映中文的语言特点,强化学生对语言要点的逻辑化记忆。为教材中部分内容添加准确的翻译和注释,可有效降低理解教学内容的难度。采用多元文化比较是国际中文教材实现"培养学习者跨文化交际能力"这一教学目标的重要途径。通过比较异同并理解产生异同的原因,促进学习者中外语言和文化的融通。通过语言和文化对比展现文化间平等交流的姿态,传递开放包容的精神,实现文明互鉴的目的。四要在话语实践上考虑他国师生的理解和接受方式。要在"乐于接受和易于理解上下功夫,让更多国外受众听得懂、听得进,听得明白,不断提升对外传播效果"①。在语势语态上应尽量平和,"不炫不贬,对己方文化不炫耀、

---

① 《习近平主持中共中央政治局第十二次集体学习并发表重要讲话》,中国政府网:http://www.gov.cn/xinwen/2019 - 01/25/content_5361197.htm。

不溢美,对他方文化不贬损、不排斥,以中性的立场进行客观描述"①。总之,国际中文教材要塑造亲和、亲近、亲切、亲善的美好形象,以海外中文教师和学生更容易接受的方式,"润物无声"地教授并传播中华民族的语言与文化,将会全面提升我国国际传播的效果。

---

① 李泉:《文化教学的刚性原则和柔性策略》,《海外华文教育》2007 年第 4 期。

第四章 国际中文教学资源编写研究

  每一种教学资源都离不开教学内容的编写。换言之,编写教学内容在教学资源研发的过程中处于核心位置,编写质量直接决定了教学资源的质量。教学内容的编写不是机械的重复性劳动,而是基于教学经验的创造性工作,编写者需要具有敏锐的教学洞察力,能够在教学资源使用过程中发现问题,同时能够学习和运用先进的教学理论,并将其转变为行之有效的教学思路和教学方法,落实到教学内容的创编之中。

第一节 任务型国际中文教材编写

  任务型教学法自 20 世纪 90 年代在第二语言教学界盛行,引起了国际中文教学界的广泛关注和研究,将任务型教学法运用到国际中文教学中,语言教学工作者、教材编写者做出了很多尝试和探索。

一、任务型教学法的理论基础

(一)任务的定义

对任务的定义有广义和狭义之分。广义的任务可以指很多活动,Richards 将定义为:"任务是学习者在处理或理解语言的基础上完成的一项活动或行动,比如一边听指令一边画地图,根据指令进行操练。"①狭义的任务区分了任务和练习,排除了不涉及真正意义交流的活动。Nunan 将任务定义为:"课堂上学习者理解、处理、输出目的语或用目的语进行交流的各种学习活动。在这些学习活动中,学习者的注意力主要集中在表达意义上而不是在操练语言形式上。"②Bygate 等人更明确地指出:"任务是要求学习者使用语言、为达到某个目的而完成的一项活动,活动的过程中强调意义的表达。"③这个定义更进一步强调了"使用语言""达到目的"和"意义的表达"三个关键词。狭义的任务强调了以下几个方面的内容:(1)表达意义为中心;(2)使用语言;(3)解决某一交际问题为目的,即完成任务。

(二)任务型语言教学的特点

杜威提出"从经验中学习,或者说从做中学"④。换言之,任务型语言教学是要通过用语言完成任务的方式来学习语言,具体体现在以下几个方面:(1)通过完成任务来学习语言。任务型语言教学大纲和教材一般把要学习的语言项目融入各种任务之中。学生在完成这些任务的过程中,接触、感受、体验并使用这些语言项目;(2)强调意义的理解和表达;(3)强调学习内容和学习形式的真实性;(4)在具体形式上强调互动,包括学生之间的互动和学生与教师之间的互动;(5)强调以学生为中心,而不是以教师为中心;(6)鼓励课堂教学活动之间的联系。前一个任务是后一个任务的基础(或准备),后一个任务是前一个任务的延续或发展,从而形成任务链。⑤ 自 20 世纪 90 年代,中文作为第二语言教学把"培养学

---

① Richards J. ,Platt T. & Weber H. *Longman Dictionary of Applied Linguistics*. London:Longman,1985.

② Nunan. D. *Designing Tasks for the Communicative Classroom*. Cambridge:Cambridge University Press,1989.

③ 程晓堂,鲁子问,钟淑梅:《任务型语言教学在英语教学中的应用》,《基础英语教育》2007 年第 6 期。

④ 约翰·杜威著:《我们怎样思维·经验与教育》,姜文闵译,人民教育出版社,2005,第 10 页。

⑤ 程晓堂:《任务型语言教学》,高等教育出版社,2004;程晓堂、鲁子问、钟淑梅:《任务型语言教学在英语教学中的应用》,《基础英语教育》2007 年第 6 期。

习者用中文进行交际的能力"确定为国际中文教学的目标,什么样的课堂活动能够使学习者有效地提高中文交际能力成为被广泛研究的课题。Ellis 指出"任务,在当前第二语言习得研究和语言教学法中占中心位置"①。本书从任务型教学法的定义出发,论述任务型教学法的主要特点,并分析了基于任务的国际中文教材设计,以期从中得到一些启示。

二、任务型教学法在国际中文口语教材中的应用

《汉语交际口语》系列教材共两册,每册教材包括 15 个单元和两首中文歌,每册教材建议教学时间为 50—70 课时。该套教材以交际任务为线索,利用丰富的任务活动,采用简短易学、贴近真实生活的课文语句,辅以大量功能性图片,帮助学习者在使用中文的过程中学习中文,并在短期内有效提高口语交际能力。下面将以该套教材的活动设计为例,具体阐述任务型教学法在其中的运用。

（一）以意义为中心,兼顾形式

第一,以表达意义为中心。学习语言是为了使用语言,语言的社会功能在于帮助人们相互交流,因此语言教学的重点在于意义的表达,Halliday 指出,学习语言的过程就是学习用语言表达意义的过程。② Willis 也提出,任务型教学法的重要特征是学习者为了完成任务而自由选择任何语言形式来传达意义。③

第二,兼顾形式。鲁子问提出:"任务型教学要求教学活动有利于学生学习语言知识、发展语言技能,从而提高实际语言运用能力。任务法并不反对语言知识教学,而是倡导以语言运用能力为目的的语言知识教学。"④在 Willis 提出的任务链中,语言形式的练习常常出现在任务前活动(pre-task phase),为任务链活动(task cycle)提供语言准备,另一种形式是在任务链活动之后的语言聚焦活动(language focus),总结所使用的语言形式。Willis 的论述向我们提示,"兼顾形式"体现在两种不同的方式上,一种情况是把词语、句子、课文和语言点等语言形

---

① Ellis R. *Task-based Language Learning and Teaching*. Oxford：Oxford University Press，2003.

② 程晓堂:《任务型语言教学》,高等教育出版社,2004,第 12 页。

③ Willis J. *A Framework for Task-based Learning*. Essex：Pearson Education，2004.

④ 鲁子问:《任务型英语教学简述》,《学科教育》2002 年第 6 期。

式放在任务前活动中,形式为任务做准备;另一种情况是语言形式聚焦在任务链之后,起总结强化的作用。

表 4 - 1　兼顾语言形式的两种设计方式

语言形式在任务前	语言形式在任务后
1. 语音练习 2. 替换练习 3. 看图学词语 　从词库里选择词语写在合适的图片下边。 4. 双人活动 　从海报上找出 3 种比你们国家便宜很多或贵很多的商品,说说你们找到的商品是什么,便宜多少或贵多少? 5. 小组活动 　三人一组,为聚会准备购物单。 6. 模拟表演 　在市场购物。 7. 成段表达 　模仿下面这段话说说自己最近购物的情况	1. 看图学词语 　从词库里选择词语写在合适的图片下边。 2. 双人活动 　先用拼音把自己的爱好填入表格中,然后询问你的同伴,看看你们有没有可以一起做的事情。 3. 全班活动 　选择合适在每一种天气中做的活动,填写表格,然后在班里找一找可以和你一起玩儿的同学。 4. 你来试试 　熟读下面这段话,然后试着说说你自己。 5. 语音练习 6. 替换练习 7. 有问有答 8. 看图说话
《汉语交际口语2》第3课活动设计	《汉语交际口语1》第14课活动设计

从表 4 - 1 看,每单元的活动设计以交际任务为线索,环环相扣、层次清楚,使学习者以使用中文表达意义为学习目标,在使用中文的过程中学会中文。《汉语交际口语》在"意义与形式相结合"方面尝试了两种不同方式。左栏中采用了"形式放在任务后",学习者的注意力集中在任务的完成上,把"语音练习""替换练习""问答练习"和"看图说话"这些侧重在语言形式方面的练习放在"双人活动"和"全班活动"之后,这正是 Willis 提出的语言聚焦环节。右栏中尝试把"语

音练习""替换练习"和"看图学词语"安排在任务前,作为完成任务的词语、句型准备,形成结构性练习、意义性活动和任务性活动阶梯式递进的教学过程。

两种任务链形式都很完整,任务与任务之间是有内在联系的,前一项任务是为下一项任务做准备,后一项任务检验前一项任务的完成情况。同时,经过课堂实践发现,两种方式各有利弊,我们认为语言形式放在跟踪环节更适合口语教材,因为这样能够避免学习者的注意力过多地放在语言形式上,而不是任务的完成上,从而打断任务链。"形式放在任务后"可以让学习者完全融入任务中。

(二)增加互动性,促进意义协商

交互的课堂提供了大量参与"真正意义交流"的机会。Long 的互动理论认为,互动有益于语言习得,因为互动过程有利于意义协商。意义协商是指说话人交际中遇到困难时所进行的一系列提问、澄清、请求、复述、反馈、确认等协商活动。意义协商有利于语言习得体现在以下方面:(1)学习者在意义协商的过程中可以获得大量的可理解输入;(2)意义协商促使学习者调整、修正输出,使他们的语言输出更加接近准确的语言形式;(3)在意义协商的过程中,学习者充分运用他们的中介语系统;(4)经过调整后的输入和输出最接近学习者的现有水平,因而能够最大限度地被学习者接收;(5)通过意义协商学习者能够得到交际对方的反馈,反馈是促进语言学习的重要因素。[①]

根据以上理论,国际中文课堂教学应具有促进意义协商的交互性活动,即任务。学习者在完成任务的过程中进行对话交流,进而促进语言习得。综合程晓堂等人的观点,促进意义协商的任务具有以下特征:(1)以双人、小组、全班参与的形式,构成双向或多向交流的氛围;(2)需要解决一个交际问题;(3)必须涉及信息交流,交流各方存在信息差;(4)必须涉及叙述性的话语模式。

如表 4-1 中的双人活动:"先用拼音把自己的爱好填入表格中,然后询问你的同伴,看看你们有没有可以一起做的事情。"教师给学习者介绍学习内容和学习步骤,明确学习目标,帮助学习者回忆已知相关知识,介绍必要的新信息。然

---

① 程晓堂:《任务型语言教学》,高等教育出版社,2004,第 12 页。

后给学习者一定时间思考并填写表格。表格内填写的内容为学习者提供了讨论的思路、提纲,由于每个人填写的内容不完全一致,双方产生一定的信息差,以便与其他小组成员交流、讨论、协商,完成"询问和说明爱好"的任务;小组讨论后,教师可以让各小组说说他们的想法,其他同学和老师应给他们反馈,以达到全班交流的目的;通过合作学习和充分交流,学习者分析他们所学的知识,反思学习过程,总结学习中的优缺点。通过以上实例,可以看出合作学习明显提高了课堂语言交际,包括教师与学习者和学习者与学习者之间的多向语言交际,提高学习者开口率,令学习者输出更多的语言,激发学习者的学习兴趣,形成良好的语言交流气氛。

(三)强调真实性,体验真实任务

语言学习是为学习者在真实语言环境生活和工作做准备,如果语言教学内容脱离真实性,就更谈不上在真实世界中进行交际。方文礼说:"当学习的内容与学习者过去和现在关心的问题相联系时,与他们生活经历相联系时,其学习效果最好。"①Kolb 也指出,学习是建立在体验基础之上的。学习者通过对直接经验的理解,然后再经过经验转化,获取新知。真实自然的教学任务正是为学习者提供了这种宝贵的体验过程。② 真实的语言材料是设计课堂活动的前提。真实语料更接近真实世界里的语言,更贴近学习者的需求。学习者在课堂上输入的语料,在真实生活中同样可以听到或用到,成为真正有效的学习素材。除此以外,任务法中提倡的真实性还体现在以下两个方面:(1)语言环境的真实性。任务法提倡课堂活动应尽可能反映真实世界,除了语言材料的真实性以外,还要把课堂活动营造成一种真实的语言环境。图片、多媒体视听材料可以达到这样的目的,充分调动学习者的多重感官,创造接近真实的语言环境。在第二语言教学中,多重的感官刺激比起单一的听觉或其他感觉更能让学习者关注学习内容,并

---

① 方文礼:《意义协商与外语焦点式任务型教学》,《外语与外语教学》2005 年第 1 期。
② David A. Kolb. *The Experiential Learning:Experience as the Source of Learning and Development*. New Jersey:Prentice Hall,1984.

在学习者的内心留下印记。(2)交际任务的真实性。比较表4－2中两个任务可知,任务大体分为学习型任务和真实任务,但无绝对分明的界限。学习型任务是为某种学习目的而专门设计的任务,其场景一般在现实中不会发生。表4－2任务1更接近学习型任务,学生利用图A和图B产生的信息差进行交流,这种任务在现实生活中很少发生。真实任务指接近现实生活中各种事情的任务。课堂上不存在"纯粹"的真实,但确实可以从真实生活中选择适合在课堂开展的任务,力求更接近真实。比较任务2和任务3,任务3比任务2更接近真实,因为任务3中学生使用的语言是为了交际的意图自发产出的,而不是任务规定他必须说的或者是按要求扮演一个角色,使用别人编出来的语言。

表4－2　三种任务对比

任务1	任务2	任务3
看图交流:两人一组,一个人看图A,一个人看图B。请用汉语对图A和图B进行比较,看看你们的图有什么不一样	模拟表演:三四人一组,根据以前在别人家做客或别人到你家做客的经历,编一个小话剧	双人活动: (1)和同伴一起根据自己家乡的天气情况填写表格,然后介绍一下你们家乡的天气情况 (2)和同伴一起为旅行者出主意。一个中国人想去你的国家旅行。他1、5、8和10月有时间。他不知道什么时候去最好。请你们帮他安排一下旅行时间,并说明为什么应该这时候去。说说他应该带什么衣服和东西,要注意什么
(选自《汉语交际口语2》第8课)	(选自《汉语交际口语2》第10课)	(选自《汉语交际口语2》第9课)

(四)提高综合语言能力,语言技能的有机结合

第一,交际法提倡把听、说、读、写的技能训练结合起来,不可分割。Richards认为,在教学中把听、说、读、写结合起来是交际法的特点之一,因为在真实交际

中,听、说、读、写是同时发生的。①

第二,二语习得研究中提倡输入和输出的重要性。根据 Krashen 的"可理解语言输入"和 Swain 的"输出假设",可理解的语言输入和语言输出对语言习得都具有重要意义。听和读的活动为语言输入,说和写的活动为语言输出。

任务型教学法强调学习者在真实、互动的语境中的体验过程。任务设计应充分调动学习者听、说、读、写的综合技能,使输入和输出在互动中交融,即在互动过程中,既有输入,有吸收,也有输出。② 例如在表 4-1 中的全班活动:"选择合适在每一种天气中做的活动,填写表格,然后在班里找一找可以和你一起玩儿的同学。"即使是以口语表达为目的的活动设计,也融入了听、读、写的训练元素:阅读表格、填写表格、听同伴叙述等。4 项技能训练融入 1 个活动设计之中,经过互动和意义协商,彼此互相促进、共同发展。

三、任务型教学法在国际中文写作教材中的应用

《体验汉语写作教程》系列教材首次把任务型教学法运用于国际中文写作教学,以实用的书面表达任务为主线进行编写,是迄今第一套任务型国际中文写作教材。这套教材共 6 册,分初级、中级、高级 3 个级别,每级各两册。初级阶段旨在帮助学生把学到的汉字、语法、词汇方面的中文知识导入到书面表达中;中级阶段的目标是丰富学生各种语段类型的写作经验,同时训练学生中文表达的准确性;高级阶段从一般的语段、语篇写作训练向真正意义的记叙文、说明文、议论文的写作过渡,并有效提高表达的得体性。每册书包括 15 课和 3 个复习课,每课选取贴近学生生活和中国国情、文化的话题。这套教材采用以任务为中心的体验式课堂教学模式,设计了以意义为中心的、贴近真实生活的任务活动,强调学生在各项活动中通过思考、讨论、交流和合作等方式自觉运用汉语完成书面表达任务,从而提高汉语书面表达能力。③

---

① 　Richards J. C. *Communicative Language Teaching Today*. Cambridge:Cambridge University Press,2006.

② 　吴中伟:《输入、输出和任务教学法》,《华东师范大学学报》2008 年第 1 期。

③ 　陈作宏:《体验汉语写作教程》,高等教育出版社,2006。

《体验汉语写作教程》力图体现任务型语言教学理念的精髓,其中突出表现在以下三个方面。下面以《体验汉语写作教程》(中级 1)第 9 课"我的建议"为例进行具体阐述。

(一)强调意义的表达,提高书面表达能力

Skehan 提出任务型语言教学是目前最有效的培养语言运用能力的方法。① 之所以最为有效,是因为任务型教学的核心理念是使用语言并表达意义。Halliday 指出,学习语言的过程就是学习用语言表达意义的过程。② Nunan 也指出,优秀的交际语言课程可以令学习者创造性地使用语言,促使他们在解决问题的任务活动中协商意义。③ Willis 也提出,任务型教学法的重要特征是学习者为了完成任务而自由选择任何语言形式来传达意义。④ 在任务链(task cycle)中,强调学习者理解并表达意义从而完成任务,得出结论。这里所论述的意义理解指对输入材料理性的理解,正所谓"格物致知",就是要穷究事物的原理法则而总结为理性知识;表达意义包括传递信息、发表观点和意见等。在理解输入材料的基础上能表达出自己的想法,达到交流分享的目的。意义的表达是相对于语言形式的操练而言的。由此看出,在任务型语言教学中的意义表达优先于语言形式。

《体验汉语写作教程》的教学目标是培养学生运用中文进行书面表达的能力。教材设计者认为学习中文的最佳途径就是以言行事,学习者应当在使用中文的过程中学会中文⑤。同时,听、说、读、写四项技能是不可割裂的、相互关联的。听、说、读的训练对书面表达能力具有促进作用,而书面表达能力的提高也会巩固学习者在其他语言技能课上所学的知识,以促进他们中文交际能力的全面发展。表 4 - 3 列出了例课中的表达项目。

---

① 程晓堂、鲁子问、钟淑梅:《任务型语言教学在英语教学中的应用》,《基础英语教育》2007 年第 6 期。

② 程晓堂:《任务型语言教学》,高等教育出版社,2004,第 12 页。

③ Nunan, D. *Designing Tasks for the Communicative Classroom*. Cambridge: Cambridge University Press, 1989.

④ Willis, J. *A Framework for Task-Based Learning*. Essex: Pearson Education, 2004.

⑤ 陈作宏:《体验汉语写作教程》,高等教育出版社,2006。

由表4-3看出,教材设计者在4课时的教学中设计了6项书面表达任务和3项口头表达任务,为学习者提供了使用语言进行表达的充足机会。这些表达任务难度适中,从表达建议的句子、主题句、提纲到短文,环环相扣、循序渐进,充分考虑到任务的组合及其连续性。

表4-3 "我的建议"课例中的表达项目

	口头表达	书面表达
1	两人一组,看看你们画的标记一样吗?然后和同伴谈谈图片的内容,解释一下你的想法	根据下面的信息,选择合适的句式写出表示提醒和劝告的句子
2	请根据下面的信息,试着用下列句式提出建议	请你为像安吉拉一样经常失眠的人写一段建议。请用一两句话写个开头,引入主题
3	问问你的同伴最近在生活中遇到了什么问题,你可以向他(她)提几个建议,帮他(她)解决问题	下面是一些引入主题的句子,和你自己写的句子比较一下,然后修改自己刚才写的开头
4	/	把你选择的三个有利于睡眠的活动按重要程度或难易程度排序,然后完成提纲
5	/	请在20分钟的时间内,根据提纲写出你的建议
6	/	根据同伴的意见和你自己的新想法修改你写的建议

有观点认为,任务型课堂就是带学生做做游戏,在玩中学。任务型教学重视表达意义,过分强调语言流利,而忽视语言形式教学,忽视语言的准确性。Nunan总结了综合语言课程的7项设计原则①,并将语言聚焦(language focus)列在其

---

① Nunan ,D. *Designing Tasks for the Communicative Classroom*. Cambridge:Cambridge University Press , 1989.

中,充分肯定了系统化的语言项目练习对学习语言的益处。这些语言项目练习可以使学习者发现语言规律,通过发现学习去识别句式和规则。《体验汉语写作教程》设计了"语言形式"(language Focus)模块,其标题使之功能一目了然,目的是令学习者在此环节聚焦语言形式的学习和运用,包括语言形式、语篇形式的学习和相应的练习,如最简单的朗读并记忆一些短语和句式,可以使学习者识别、思考语言形式和语言运用的特点,有助于更好地理解意义,更有信心地使用语言。

（二）任务链的设计,提供任务型教学的实施方式

Willis(2004)提出,任务型教学的框架分为任务前活动(pre-task phase)、任务链活动(task cycle)和语言聚焦活动(language focus)。① 基于这种思路,本教材每课的设计框架为"写前准备"(Before Writing)、"写作任务"(Writing Task)、"写后任务"(After Writing)。具体的步骤、功能及方式请见表4-4。

表4-4 任务链设计

基础框架	步骤	功能	方式
写前准备 （Before Writing）	热身活动 （Warming Up）	1. 介绍话题,熟悉话题,预测内容,激发学习欲望	借助图片、图表等形式介绍与任务相关的话题和内容;引导学生进行简单讨论
		2. 激活语言	引导学生做一些简单的词汇活动或游戏,把以前学过的、与本话题相关的语言知识激活
	语言形式 （Language Focus）	语言准备,帮助学生更好地表达	引导学生重点学习一些随后任务中可能要用到的词汇或表达法

---

① Willis ,Jane. *A Framework for Task-Based Learning*. Essex：Pearson Education ,2004.

续表

基础框架	步骤	功能	方式
写作任务（Writing Task）	整理思路（Gathering Your Thoughts）或组织材料（Organizing Materials）	理清思路,整理语言材料	通过个人活动或小组活动确定写作方案,并整理好在前一个环节中所获得的语言材料
	动手写（Getting It Down）	写初稿	通过以上环节的充分准备,运用所获得的所有知识,完成写作任务
写后任务（After Writing）	讨论修改（Discussion and Revision）	1. 报告任务	向同伴或全班展示写作成果,其他小组成员对报告发表评论
		2. 修改初稿	根据同伴的建议和自己的新想法修改草稿

本课开篇即明确提出了写作目标为"学习有条理地提出建议",之后全部的教学内容和任务设计均围绕这一目标而进行,在本课结束后,教师和学生可以清晰地了解教学的效果。本课通过一幅题为"安吉拉最近总是失眠"的图片和一系列"有利于睡眠和不利于睡眠的活动"图片引入话题,要求学生根据小词库的提示与同伴谈论图片内容,阅读一篇小文章达到激活已学语言,学习新词语和句子的目的。通过这样的活动,学生可以根据自己的经历和其他同学讨论、交流和分享,进行头脑风暴、脑力激荡,为写作准备充分的话题素材,解决落笔写什么的难题。"语言形式"模块提供了有关提出建议的典型句式,并通过练习使用适当的句式为写作任务充分准备了语言素材。从而可以自然地进入"写作任务"阶段。"整理思路"模块里,首先提示了文首主题句的写法,并提示了按照重要程度或难易程度排列建议顺序,从而顺利完成写作提纲。再根据提纲"动手写"文章初稿。

在任务链设计中有一个重要的环节就是检查任务完成的情况,本课通过与同伴交换文章,核查同伴文章中是否有主题句,按什么顺序安排等互相交换意见,并修改初稿。

通过以上分阶段、有计划的训练方式,形成了本教材独特的"以实用的书面表达任务为编写主线,并将语言运用与语篇形式及表达功能等项目综合起来"的编写结构。

任务链的设计把学习者置于教学活动的中心,在各教学环节中需要学习者思考、协作、交流、展示;教师的职责是引导学生进入完成任务的轨道,监控学生完成任务的情况。

(三)任务活动的设计,提升互动性和交际性

具体到任务链上每个环节的任务设计,本教材仍遵循在(模拟)真实场景中使用语言表达意义、完成任务的原则,采取双人活动、小组活动和全班活动等互动形式,提供了丰富的书面表达机会。Nunan 经研究发现小组和双向信息差任务(small-group,two-way information gap tasks)特别适合促进互动性的语言运用。①在这种信息差任务中,每个参与者掌握一部分信息,这部分信息是其他参与者所不知道的,他们之间需要交流信息、协商讨论,从对方获得自己需要的信息,从而完成某个任务。例课中任务设计如见表4-5。

表4-5　例课中的任务设计

	"热身活动"环节的任务	"语言形式"环节的任务
任务目标 Task Goals	借助图片引导学生就"解决失眠问题"进行简单的讨论并准备写作素材	学会正确使用提出建议的句式

① Nunan ,D. *Designing Tasks for the Communicative Classroom*. Cambridge:Cambridge University Press , 1989,p.64.

续表

		"热身活动"环节的任务	"语言形式"环节的任务
活动进行步骤 Activities	任务前	介绍话题:请学生看 10 张图片,各自在有利于睡眠的图片上画√,在不利于睡眠的图片上画× 提示学生,除了图片上提供的 10 条建议,还可以增加自己想到的内容 激活语言:提示学生熟悉一下小词库里的词语,可以帮助他们在下一个环节里进行表达	问问你的同伴最近在生活中遇到了什么问题,你可以向他(她)提几个建议,帮他(她)解决一下问题
	任务中	任务:分成两人一组,比较各自画的标记。然后两人谈谈图片的内容,解释一下各自的想法。 教师巡视并随时提供帮助 计划: 汇报:	/
输入材料 Input (语言聚焦 Language Focus)		大脑、兴奋、过分、不利于、影响、否则、如果……就……	我建议你……、你最好……、你可以……、你应该……、你不妨……

　　教材中每学完 5 课后提供一个复习课,巩固前面所学。每个复习课里最后一个环节设计了一个"写作工作室"(Writing Workshop),这里设计了需要运用综合语言能力,具有一定难度的项目式(project-based)任务模块。如初级 1 复习二里的项目是:"全班一起根据自己了解的情况编写一个中国生活指南。每个人为这本小册子写一段话,提出自己的建议和提醒别人应注意的地方。"这是一个需要全班共同完成的项目活动,目的是巩固在前面课程里面学到的有关"建议"的

写作。此类任务鼓励每位学生的参与,鼓励学生之间的交流合作,发挥主动性和创造性。

同时,任务链中还安排了"小词库""参考句型"等具有辅助作用的小栏目,列出一些与该任务相关的常用词语和句型,方便学生边学边用,随用随查,"给学生的提示"通过给学生提出某些具体要求或建议的方式,帮助学习者顺利完成任务。

第二节　体验式国际中文教材编写

针对"体验式教学理念"在我国第二语言教学领域引起了广泛关注的现状,刘援曾指出:"实用理念向体验理念发展是一种必然结果。体验本身定位在对学习者感受的评价,学习者在体验中处于感受的主体地位,更突显了以人为本的教学思想,而教材编写应当朝着实现大规模度身定造而努力。"①

刘文提出的"体验式教学理念"是基于人本主义学习者个体的情感需求的。在体验式教学中,教学的重点不仅仅在于认知层面上学习者接受信息和加工信息的能力,而且还要关注他们在接受信息过程中的情感变化,努力使他们在愉悦、成功的心态中接受教学内容。以"体验式教学理念"为基础设计的语言教材应当体现人文情怀,尊重个体差异,调节学习者的情感状态,降低学习焦虑,激发内在动力和自信心,使语言学习真正成为体验目标语言和文化、体验成功与快乐的过程。

本节具体论述"体验式教学"蕴含的人本主义观点及其对第二语言教学的意义,说明在国际中文教材设计实践中如何体现以人为本的教学思想,真正实现学

---

① 刘援:《让英语语言能力在"体验"中升华》,《中国大学教学》2003 年第 7 期。

习者的主体地位,减轻学习焦虑,开启学习者"内在情感驱动力"。

一、"体验式教学"的人本主义观点及其对第二语言教学的意义

（一）人本主义教育观

"体验式教学"强调人本主义教育观,其核心思想是"以学生为中心",让"学生在体验中处于感受的主体地位","通过交互式场景教学的过程,使学生在参与中获得愉悦,在愉悦中获得共鸣,在共鸣中发展语言能力,实现实际应用的目标"。这一教学理念重视情商对教学效果的影响,强调要围绕形成学生的良性体验来设计学习环境,设计教材,建立学生的学习自信心。[①]

"体验式教学"思想不仅注重学习者的情感因素,还体现了杜威（Dewey）的"做中学"和皮亚杰（Piaget）有关知识发生原理的思想。知识是学习者基于自身的经验和已有的知识通过反思而发展的。教师不能把学生当成被动接受知识的容器,而是要发掘学习者潜在的经验、知识和能力,帮助他们发展新知识。知识从本质上讲不是教师可以强行灌输给学生的事物,而是依赖个人的努力发展起来的。

人本主义教育观重视人的本性、动机、潜能、经验、价值和创造力,在此基础上提出的教育理论也势必更加强调作为一个独立存在的个体的学生的重要性。人本主义教育观不仅肯定了经验（体验）在认知过程中的重要作用,认为学习是以学习者的经验为中心的,而且更加强调学习过程中作为独立存在的个体学习者的情感需求的重要性。

人本主义学习观的代表人物罗杰斯（Rogers）把认知与情感合二为一,十分强调学习过程中作为独立存在的个体学习者的情感需求的重要性。他认为,经验学习以学习者的经验为中心,以学习者的自发性和主动性为学习动力,把学习与学习者的愿望、兴趣和需要有机地结合起来;学习强调的是知情结合,人的情

---

① 刘援:《让英语语言能力在"体验"中升华》,《中国大学教学》2003 年第 7 期。

感因素是教学活动的基础,教学是"以知情协调活动为轴心的学习和认知过程"。①

学习自由模式(freedom-to-learn model)是罗杰斯学习理论的核心,它的特点是:(1)把愉快的教学和有意义的教学视为学习的动力;(2)把学习者的情感和思想整合起来,而不只是教授理智内容;(3)教师的作用是催化和促进。

人本主义教育观认为学习包括认知和情感两个方面②,体验式教学理念的研究应突破认知层面,把学习者的情感因素纳入其中,探索学习者情感层面的"体验"内涵。

(二)第二语言习得中情感因素研究

语言学习中存在一个普遍的现象:同样的学习内容,同样的教学方法,甚至同一个授课者,不同学习者的学习效果参差不齐,其中个体差异和学习者的情感因素起了很重要的作用。

克拉申(Krashen)提出的"输入假设"认为接受可理解的语言输入(comprehensible input)是语言习得的必要条件,但同样的语言输入,最终学习者达到的学习水平大不相同,由此他提出了"情感过滤假设"(filter hypothesis)。他把学习目的、学习动机、自信心、焦虑感等情感因素统称为"情感过滤"因素。学习目的明确、学习动机高、自信心强、焦虑感适度,"情感过滤"就弱;反之,"情感过滤"就强。如果"情感过滤"降低而且语言输入是可理解的,它就可以顺畅地进入语言习得机制,于是就产生了语言习得。反之,语言输入就"被过滤掉",也就不能产生语言习得。克拉申首次在第二语言习得研究中强调了情感因素的作用,对于语言教学有着积极的作用。③

伯尔维克(Berwick)和罗斯(Ross)等研究者提出,学习上的成功能激发和调动学习者的学习动力,使其在课堂上更加主动、活跃。这类学习动力也被称为

---

① 林立、王之江主编《人本主义活动在英语教学中的应用》,首都师范大学出版社,2005,第28—30页。

② 卢家楣:《情感教学心理学》,上海教育出版社,2000,第21页。

③ 蒋祖康:《第二语言习得研究》,外语教学与研究出版社,1999,第46—52页。

"成效性动力"(resultive motivation)。同时,好奇心和兴趣能促进学习动力,这被称为"内在性动力"(intrinsic motivation)。① 实践证明,过分强调语法的传统教学方法往往会抑制学习者的"内在兴趣",如果缺乏这种"内在兴趣",无论是"融入性动力"还是"工具性动力"都很难有效地发挥积极作用。

焦虑感是影响第二语言习得另一个重要的情感因素。据李炯英、林生淑,焦虑主要来自交际、考试和对负面评价的恐惧三个方面,帮助第二语言学习者克服或降低焦虑的措施主要包括:教师的角色由传授者转变为学习促进者;合理地对待学习者语言输出时出现的错误;创建和谐互助的语言学习环境;采用适合不同个性学习者需求的课堂活动形式。②

综上所述可以发现,情感因素对第二语言习得的过程和结果发挥着不可忽视的影响。"体验式教学"的人本主义教育观以强调情感在教育中的重要性为特征,与第二语言习得理论相契合,有助于形成学生的良性体验,建立学生的学习自信心,提高第二语言教学效率。

二、体验式国际中文教材设计特点

很多学习者抱怨中文"难学",并在学习中文的过程中经历过不同程度的挫败,导致很多人半途而废。而建立学习者中文学习的自信心是"体验式教材"的重要目标之一。体验式教材关注学习者的情感需求,尊重学习者个体差异,充分调动学习者的内在动力,为学习者营造宽松愉悦的学习氛围。据钱旭菁所述,在听说读写四项技能中,学习者感到最焦虑的是"说"③。本节以《体验汉语口语教程》为例,从四个方面阐述体验式教材如何关注学习者的学习感受,降低焦虑感,增强自信心。

(一)改变输入方式,增加可理解输入

目前许多语言类教材都不同程度地体现了克拉申(Krashen)以及其他学者

---

① 蒋祖康:《第二语言习得研究》,外语教学与研究出版社,1999,第 146 – 147 页。
② 李炯英、林生淑:《国外二语/外语学习焦虑研究 30 年》,《国外外语教学》2007 年第 4 期。
③ 钱旭菁:《外国留学生学习汉语时的焦虑》,《语言教学与研究》1999 年第 2 期。

对"输入"的研究和试验成果,例如:根据输入"i＋1原则"(i指习得者现有水平),强调足够的输入量;"此时此地原则"强调输入的真实性和提供真实语言环境;强调输入的趣味性和交际性,等等。这在体验式教材中亦有相应的体现。考虑到克拉申所论述的"情感过滤假设",体验式教材更加注重层层递进、步步搭接的输入方式,结合国际化、具有情感教育意义的输入内容可以有效降低学习者负担,增强学习动力和自信心。

1. 循序渐进的输入方式

传统教材的单元结构一般为词语→课文→语法→练习(活动),并强调在此模式基础上的输入(词语、课文、语法)与输出(练习或活动)的平衡。密集输入势必造成学习者消化所学知识的负担,在没有完成新知识内化的情况下,学习者必怯于语言输出,产生焦虑感,最终影响语言输出质量和学习效果。体验式教材采取循序渐进、螺旋上升的输入方式,并且每一步输入伴随着相应的输出,缓解集中输入的知识消化负担,提高了输出效率。有效输出反过来是对语言输入的必要补充,使语言输入变得"可理解",从而增加可理解输入。

表4－6　体验式输入方式

教学环节	教学内容	输入/输出
词语	1. 朗读下列词语,注意发音和词语的意思	输入
	2. 从词汇表中选择合适的词语进行搭配,看谁回答得多	输入→输出
句子	1. 朗读句子	输入
	2. 听录音,填词语	输入→输出
对话 (含语言注释)	1. 看着图片听录音,和同伴讨论录音和图片的内容有什么不同	输入→输出
	2. 朗读课文,注意发音和语气	输入
	3. 根据课文内容,选择合适的句子跟同伴说话	输出

表4－6以《体验汉语口语教程》第一册第15课"我喜欢上网聊天"为例,展现了《体验汉语口语教程》中的体验式输入方式。对于"词语、句子、对话"这些

传统意义上的输入模块,《体验汉语口语教程》采取了输入、输出相结合的方式,实现了"漏斗式"的语言输入模式。李霄翔、鲍敏指出,语言的输入要融入"做事"的过程中,实现多维互动,改变线性的信息输入模式,信息的输入和输出是分阶段、一步步实现的①。

2. 话题的选择和语言编排

教材中的话题和课文编排,在很大程度上决定学习内容能否引起学习者的兴趣、激发学习者的学习动机。体验式教材采取以话题为主线安排教材的内容和结构,而知识体系以暗线的形式贯穿其中:首先,话题编排采用了"由近及远""从具体到抽象"的原则;其次,注重在国际化背景下选择话题,选取反映全人类共同关注的事情,比如"环境、科技、教育"等;再者,强调情感教育原则。话题和内容在一定程度上体现出重视对学习者的情感和心灵教育,比如"梦想、友谊、信任、理解、责任、勇气、创造"等各个方面的内容。

(二)以活动为主线,提供更多使用语言的机会

1. 以表达意义为目的,使"情感过滤"降至最低点

"体验式教学理念"提倡在使用语言的过程中学会语言。韩礼德(Halliday)指出,学习语言的过程就是学习用语言表达意义的过程②。纽南(Nunan)也指出,优秀的交际语言课程可以令学习者创造性地使用语言,要求他们在解决问题的任务活动中协商意义③。使用语言、表达意义成为语言学习的目标。体验式教材以活动为主线贯穿始终(见表4-6和表4-7),可以最大限度地提供综合运用语言、表达意义的机会,鼓励学习者在模拟真实交际的情境中创造性地使用语言,使学习者增加语言输入和输出的量,而大量的输入和输出可以令学习者更多地接触语言、使用语言,从而达到在交流中学会交际,在体验中学会语言。

---

① 李霄翔、鲍敏:《大学英语教材中多维信息流建构研究——一个基于连接主义和体验哲学的视角》,《中国外语》2009年第5期。

② 转引自程晓堂:《任务型语言教学》,高等教育出版社,2004,第12页。

③ Nunan, D. *Designing Tasks for the Communicative Classroom*. Cambridge:Cambridge University Press. 1989, p. 132.

克拉申认为,当学习者注意语言所表达的意义时,他们会暂时"忘记"自己是在使用一种他们还没有完全掌握的语言,他们的"情感过滤"就降到最低点①。也就是说,当学习者关注意义表达时,"情感过滤"最低,语言习得最顺畅;相反,如果关注的是语言形式(语法结构等),"情感过滤"则会较高。

2. 以互动性活动为主线,营造宽松、愉快的学习氛围

表4-7　体验式活动主线

环节	活动内容	"脚手架"形式
活动	1. 看图学词语:画线连接	图片、小词库
	2. 小组活动:4人一组。先利用下面的表格准备一下,然后和同伴交流:每天晚上做什么,周末做什么	表格、参考句型
	3. 小组活动 (1)先和同伴商量一下你们要成立什么样的兴趣小组,然后分别去问其他同学的兴趣,请有同样兴趣的同学来参加你们的小组 (2)小组成立以后,要制订一个兴趣小组的活动计划 (3)向全班介绍活动计划,请大家提建议	
扩展活动	1. 招聘会(具体活动步骤略)	
	2. 采访名人(具体活动步骤略)	图片
	3. 游戏:电视交友(具体活动步骤略)	表格、给教师的提示

表4-6和表4-7共同体现了《体验汉语口语教程》第15课的活动主线,这些活动大都以结对或小组的形式展开。合作学习能够创造宽松、自由、积极的学习环境,这样的环境可以降低个体竞争带来的压力,提高学习者的参与度,培养学习者的自信心和社交能力。更重要的是,合作学习能够培养学习者的协作精神,这也是体验式教学理念所大力提倡的。

---

① 龚亚夫、罗少茜编著《任务型语言教学(修订版)》,人民教育出版社,2006,第10页。

3.活动之间层层推进,令学习者"渐入佳境"

体验式教材中,活动之间具有一定的系统性、连续性和内部逻辑性。活动编排遵循"由简到繁、由易到难、前后相连、层层深入"的原则。前一项活动是后一项活动的准备和铺垫,后一项活动是前一项活动的扩展和延伸。如表4-7活动1"看图学词语:画线连接"是为后面活动提供词汇方面的准备,活动2完成的表格和反复使用的句型是完成下一个活动的前提。这种呈阶梯式递进的活动设计能够激发学习者的学习兴趣和内在动力。

(三)体验式多维互动,促进意义协商

维果斯基(Vygotsky)的社会文化理论认为学习不是通过互动产生的,而是在互动中产生的[1]。隆(Long)提出的互动理论认为,互动有益于语言习得,因为互动过程有利于意义协商。意义协商是指当说话人在传递信息的过程中遇到困难时所进行的一系列提问、澄清、请求、复述、反馈、确认等协商活动。互动理论的核心思想是,意义协商的过程是促进语言学习的关键因素[2]。

注重"过程"是体验式教学理念的重要特征之一,体验式活动设计则强调在意义协商"过程"中的语言产出,这是体验式活动的重要特点,也是与其他教材的活动设计最大的区别。具体来讲,体验式活动设计讲究如何创造意义协商的条件,强调活动完成后产出一个明确的结果。例如"模仿课文进行角色扮演,表演买东西讨价还价的场景"这个活动也是以结对(或小组)的形式展开的,需要学习者参与进行对话练习,但是它没有提供充分的意义协商,学习者操作起来多半会做成"分角色朗读"或"分角色背诵",语言产出的结果也大都与课文内容无异。而表4-7中的活动3,以小组为单位提供的协商内容有:"商量你们要成立什么样的兴趣小组""分别去问其他同学的兴趣""请有同样兴趣的同学来参加你们的小组""制订一个兴趣小组的活动计划"。一个活动中连续提供了4项促使学习者进行意义协商的机会,参与其中的学习者将大量地使用创造性的语言。活

---

[1]　转引自龚亚夫、罗少茜编著《任务型语言教学(修订版)》,人民教育出版社,2006,第15页。
[2]　程晓堂:《任务型语言教学》,高等教育出版社,2004,第13-14页。

动最终产出了一个结果:"向全班介绍活动计划,请大家提建议。"

在意义协商过程中,学习者关注的是意义表达、对方的反馈、调整语言输出等。当他们的注意力投入到过程中而不是产出的结果时,他们会感到放松、自主。

(四)关注个体差异,满足个性化需求

"体验"是人类认识世界的基础,从认识论角度来看,我们的知识来自于亲身经历。通过体验,逐步建立联想,才积累起知识。学习者具有不同的生活经历、性格特征和情感需求,学习风格、策略和方法也因人而异,因此体验式教学理念提倡尊重学习者的个体差异,培养学习者的个性发展。而"体验"正是自我发现、自我建构、自主探究的过程。

1. 激活旧知识

体验学习经历着一个"从实践到认识再到实践"的认知过程①。每个学习者的旧知识不同,接触的新知识需要连接到旧知识网络中,在旧知识的基础上建构新知识。苏霍姆林斯基指出:"善于揭示已知东西与新东西的深刻的内在联系,是激发兴趣的诀窍之一。"②体验式教材注重从旧知识到新知识、从个人准备到合作学习的自然过渡,以降低情感过滤,提高学习效率。

从整体设计来看,《体验汉语口语教程》每课的结构由以下几个环节组成:学习目标→准备→输入(词语、句子、对话)→活动→语言练习→扩展活动→总结与评价。"准备"结合了复习和预习,激活与学习目标相关的知识,为教学顺利进行做热身和准备。从单个活动设计来看,基本分为"准备→步骤→结果"几个环节。活动从"准备"入手,有的是利用给出的表格进行准备,有的是事先与同伴商量,有的是思考问题等(如表4-7所示)。这些环节有利于调动旧知识,减轻学习者输出语言时的焦虑。

2. 自主性输入内容

传统教材往往把学习者看成一个整体划一的学习群体,缺乏灵活、个性化、

---

① 王立非等:《体验英语学习的二语习得理论基础》,《中国外语》2009 年第 5 期。
② 卢家楣:《情感教学心理学》,上海教育出版社,2000,第 23 页。

弹性化的设计。克拉申的"i + 1"输入模式,"i"是很难量化的,更何况学习者之间的巨大差异。体验式教材以尊重个体差异为前提,设计了自主式的输入方式,满足学习者的不同需求。《体验汉语口语教程》在"活动"环节根据需要(如表4-7)配有"图片""表格""小词库""参考句型""给学生或教师的提示"等供学习者选用,自主建构意义。这些内容也起到了"脚手架"(scaffolding)的扶助作用,帮助学习者进行意义协商,顺利地表达意义,完成语言任务。艾勒斯(Ellis)认为"脚手架"的作用涉及学习者的认知需求和情感需求两个方面。从情感角度上讲,它可以在解决问题时控制挫折感①。

3. 引入自我评价体系

罗杰斯提出了人本主义的、以个人为中心的和以过程为定向的学习方式,其中一条原则为:当学生以自我评价为主要依据,把他人评价放在次要地位时,独立性、创造性和自主性就会得到促进②。让学生自我评价是体验式教学一个重要的体现方式。《体验汉语口语教程》在每课的最后设计了一个自我评价表,让学生自己对学习的情况进行评价。自我评价的最大特点是让学生对自己的学习过程、学习方法、学习效果以及在学习过程中的感受、体验等进行反思和评价。

第三节　美国少儿中文教学资源编写

美国实施地方分权的教育管理体制,联邦政府无权规定全国统一开设中文课,更不存在全国统编或者统一推荐的中文教材,像在泰国、印尼等国家通过与教育行政部门合作推行统编教材的做法在美国是行不通的。美国各州、学区、学

---

① 转引自龚亚夫、罗少茜:《任务型语言教学(修订版)》,人民教育出版社,2006,第67页。
② 施良方:《学习论》,人民教育出版社,1994,第380-403页。

校开设中文课的目的、教学内容、方法、形式各不相同,美国现存中文作为选修课、中文作为 AP 课程、中文作为双语课程、中文沉浸式课程等多种课程模式,很难编出一套教材满足如此多样的需求。同时,美国又是世界上商业化、市场化程度最高的国家之一,与其他国家的中文教学相比,美国具备先进的教学理念、拥有专家和作者队伍,本土出版社建立了发行网络,中文教材的种类也十分丰富。还应该看到,美国中文教学仍存在多层次低水平重复、教学投入大而效果低、教师备课量大等问题。面对这样分散、多样的教材需求,在这样成熟、发达的商业环境中,如何编写新的教材? 新教材应该"新"在哪里? 新教材如何解决教学问题? 需要我们从实际教学环境出发,寻找解决方案。

美国具有相对完整的中文教学体系,从幼儿园、中小学(K12)到大学都开展了中文教学。本节主要聚焦美国少儿(主要指小学 K5 阶段)中文教学,以实地考察为依据,论述新时期、新需求引发教材形态的变化和功能的拓展,以及对教材编写的几点思考。

一、对美国少儿中文教学的再认识

在中国崛起的大背景下,美国基础教育阶段的中文教学快速发展是毋庸置疑的。根据美国应用语言学中心(CAL)统计,25% 的美国小学提供外语教学,其中学习中文的小学生从 2004—2005 年的 2 万人增长到 2007—2008 年的 6 万人。中文沉浸式项目的兴起引人瞩目:1997 年全国开设中文沉浸课程的学校只有 3 所,2011 年增至 448 所学校。[①] 2015 年 9 月习近平主席访美期间,美方宣布将"十万强"计划从大学延伸至中小学,争取到 2020 年实现 100 万名美国学生学习中文的目标。

然而,实际教学中仍存在诸多问题。笔者曾在佐治亚州、明尼苏达州、俄勒冈州、康涅狄格州十余所小学进行实地课堂观察,其中既有常规性中文课堂,也有沉浸式中文课堂;既有当地资深的中文教师的课堂,也有新手志愿者教师的课

---

① 引自林宛苧"美国中小学汉语教学现状"讲座中的内容。

堂。从教学内部看,教师专业知识储备、教学方式方法、课堂组织管理、跨文化交流能力上均有不尽如人意之处;从教学条件看,学校支持力度不一、教室设备不同、教学目标不明、教师教材匮乏等也是常见问题。从教材使用看,与西班牙语等其他外语教学资源的丰富充足相比,中文教材几乎是捉襟见肘的,教材内容与美国学习者生活环境脱节,缺乏针对性、适用性和创新性,形式也比较单一。

在这样看似复杂交织的问题中如何把握新需求、编写新教材,这需要我们透过现象看本质,在个性中寻找共性,在问题中寻找机遇。据此,我们又发现美国的中文教学呈现出以下几个特点:

(一)教学目标不同,却有统一的教学标准

美国外语教学协会(ACTFL)1996 年颁布了《外语学习标准》,并于 1999 年公布了《全美中小学中文学习目标》,其中提出的 5C(Communication,Culture,Comparison,Community,Connection)标准对美国外语教学起着纲领性作用。虽然各州编制了各自的外语教学大纲,但均没有偏离 5C 的根本理念,可以说是一脉相承。虽然各学区、各学校开设中文课的目的、教学目标、课程设置有所不同,但5C 的教学原则得到普遍认可,并在实际教学中努力实践这些原则。因此,在教材编写和创新中,抓住 5C 这个标尺,深刻领会和贯彻其中的关联和精髓,是教材本土化,符合需求的第一步。

(二)教学对象不同,却有相似的认知规律

美国幅员辽阔,地区特点突出,差异明显,种族多元,加之美国教育的根本是鼓励学生发挥个性和创造性,正如奥巴马在美国 2015 年 9 月开学日的演讲《我们为什么要上学》中说:"我们需要你们中的每一个人都培养和发展自己的天赋、技能和才智,来解决我们所面对的最困难的问题。"①学校的生源不同,学生的个性不同,教师需要实施差异化教学,尊重并鼓励学生的个性发展。同时我们也要看到,孩子毕竟有共同的天性,共同的兴趣,这就要求我们根据儿童认知发展规

---

① 《奥巴马精彩演讲:我们为什么要上学》,https://language. chinadaily. com. cn/2017 – 09/01/content _24765500. htm。

律和学习规律设计教材,规划教学内容。

（三）没有统编教材,却有相似的教学主题

引言中提到美国没有也不会实施统编教材的政策,教材编写和出版主要依靠市场需求驱动。通过不同类型中文课堂的实地观察,并将现有较为普遍使用的教材进行比对,进而发现:在 K5 阶段,教材中的教学主题具有很大的相似性,可谓万变不离其宗,究其根本,还是围绕学生所处年龄阶段的认知规律和兴趣设计主题。

（四）使用教材的频率较低,但使用教学素材的频率较高

在课堂观察初期,我们失望地发现传统教材的使用频率越来越低,部分课堂因没有合适的教材,无奈之下选择自编讲义,部分教师不愿受现有教材的束缚而选择弃用教材,部分课堂选择性地使用部分教材内容,或使用一两段课文,或选用一个练习作为学生作业或复习的材料,这使得一些教师形成了一种论断:我们不需要教材。但事实上,弃用教材一方面增加了教师的备课负担;另一方面难以做到标准化教学,导致教学质量参差不齐。在这些表象背后也可以发现,没有一位教师能够离开教学素材,美国学校的教室大多配备了电脑、投影、SMART BOARD 或 ACTIVE BOARD,甚至一些课堂配有一定数量的平板电脑,教师从网络上寻找合适的音视频内容,自己制作 PPT、自己印发讲义、自己制定测试题目,这种情况比比皆是。

在中文教学政策利好的前提下,推动美国中文教学持续发展,其关键在于提升教学质量。教材建设是教学质量体系中的重要组成部分。业界反对同质化教材编写,呼吁教材创新以及教材品质提升。为此,我们试图从教材形态与功能的创新入手,顺应教材形态的变化和教材功能的拓展,探索新型教材的编写模式。下文将分析教材基本形态和功能,并探讨新形势下教材的新形态和新功能。

二、美国少儿中文教学资源的新形态和新功能

（一）教材的基本形态和基本功能

传统的教材定义是：教材即课本，是静态知识的系统性组织①。教材的基本形态是书本或者课本：（1）材质为纸张；（2）以单元/课为单位编排知识体系；（3）N 单元/课组合在一起，装订成册，N 册组合在一起为一套/系列。以上可以概括为"纸介质、单元制、捆绑式"的教材基本形态。

教材的基本功能是教学功能：（1）教材是教育系统中的特定产物，它源于教学，用于教学；（2）教材是教学目标的物化形态，是教学活动中的要素之一，是教学内容和教学方法的集中体现，它是教师教授和学习者学习的刺激物，它对教学过程、教学环境及教学评价都会产生影响；（3）教材是连接教学理论与教学实践的中介，它是一定教学论思想的承载体，同时又是师生教学活动的基本依据。

关于第二语言教材的功能，Cunningsworth 提出教材能够：（1）为学习者展示语言（口语和书面语）；（2）为学习者提供练习和交际的活动；（3）为学习者提供语法、词汇、语音等参考索引；（4）刺激课堂活动；（5）提供大纲，体现学习目标；（6）提供自主学习资源；（7）为信心和经验不足的教师提供支持。②

经过多年积累，美国本土教材中不乏精品，以课本为基本形态的中文教材在美国中文教学中发挥了积极的教学功能。相比其他国家中文教材，美国中文教材一直保持着先进和引领的优势地位。然而，我们仍然要看到，新时代和新需求已经带来的教材形态和功能的转变。

（二）新时代背景下教材的新形态和新功能

1. 新形态

教材形态的变化，首先是教材（teaching materials）向教学资源（teaching resources）的转变。教学资源泛指一切教与学的材料。在当今数字化时代，海量教学资源不仅丰富了教学内容，而且改变着教学方式。无论是用于课堂教学还是

---

① 曾天山：《教材论》，南昌：江西教育出版社，1997，第 5 - 7 页。
② 坎宁斯沃思：《如何选择教材》，上海外语教育出版社，2002，第 7 页。

社会教育、无论以何种媒介质为载体，无论材料编排是杂乱还是有序，都可统称为教学资源。报纸上的一则广告、电视里一段新闻、手机里的一条短信、网站上的一首歌曲都可作为教学资源使用。

其次是静态素材向动态资源的转变。从资源生成来看，利用多种教育技术手段，使新一代教学资源更加丰富、立体、生动；从使用主体来看，转变学习者作为"被灌输的容器"的角色和教师照本宣科的教学特点，根据学习者的认知规律，将学习者的情感、态度、偏好、兴趣融入教学资源的建构范围。从教学过程来看，更加强调教学资源主动参与教学过程，与教学环境中教师、学习者和其他要素发生积极联系和互动。

总之，基本的"纸介质、单元制、捆绑式"教材形态发生改变，广义的资源取代狭义的课本，形式更为多样化，介质更加数字化，"单元制、捆绑式"传统教材编制方式受到挑战，读物类、活页类、多媒体类教学资源增加了教学灵活性，赋予教师更多自主权，激发学生更多学习兴趣。

2. 新功能

(1)从教材向学材延伸

教材功能的扩展首先体现为：从教材(teaching materials)向学材(learning materials)的转变。传统中文教材"以知识为中心""以传递知识为组织形式"，忽略教师教学的灵活性、自主性，也忽略学习者的兴趣所在和内心感受。而学材是指开放的资源集合体，这将主动权交还给教师和学习者，唤起师生教与学的主观能动性，符合美国"以人为本""以学习者为中心"的教育思想。

(2)从课堂内语言使用向课堂内外语言实践延伸

教材不但具有展示语言的功能，更加强调语言使用；而语言使用也不再拘泥于课堂之内，而是可以延伸至课堂以外的校园、家庭甚至社区，例如家庭内的亲子活动、社区中的文化活动等。开展课堂内外的语言实践，符合美国《外语学习标准》中"贯连"和"社区"的教学原则。

(3)从语言学习向文化认知延伸

美国是名副其实的多元文化社会，其教育政策注重培养学习者的全球文化意识和对多样文明的认知和理解。美国小学有一类"文化为先,引导兴趣"的中文课程,通过介绍中国文化,让学生在开始学习语言之前对相关社会文化产生兴趣,为将来选修中文做准备。① 即使其他类型的中文课程也十分重视文化学习,因此,中文教材应在学习者文化需求的基础上进一步突出文化功能。

(4)从语言学习向启发多元智能延伸

除了促进语言学习的功能以外,教材越来越多地融入多种学科内容,启发语言以外逻辑、空间、音乐、运动、人际交往等多元智能。运用歌曲对语言教学的辅助作用,通过肢体动作帮助学习者理解和记忆语言(TPR 全身反应法),利用双人、小组活动促进人际交往和与合作精神等,这符合儿童认知发展的自然规律。

由此可见,随着教材形态和功能的转变,教材逐步演变为一个内涵更为丰富,外延更加宽泛,功能更为多元,价值更为显著的概念,这既为教材编写提出了新的要求,也为教材创新提供了依据。为此,我们展开了 Cool Panda 少儿中文教学资源的研发实践。

三、Cool Panda 的编写实践

Cool Panda 由中外编写组共同研发,由中国高等教育出版社(HEP)出版,目前已出版 K-K1 阶段 40 本教学大书和 40 本学生读物。2015 年 7 月,Cool Panda 经过美国佐治亚州教育局教材评审审定,成功列入美国佐治亚州政府教材推荐目录,初步获得美国教育界认可。目前它已进入美国、英国、加拿大等国的少儿中文课堂,进行广泛的使用或试用。

Cool Panda 是按照"本土化、数字化、一体化"理念倾力打造的国际化教育品牌和新形态少儿中文教学资源。它依据美国《ACTFL 外语学习标准》中的 5C 教学理念,根据美国少儿中文教学的实际状况,以高品质的一体化教学资源代替传统教材,旨在为美国儿童提供精品中文学习资源体系。Cool Panda 的研制核心是"资源"建构,"资源"的精髓在于"多元",其宗旨是将自主权、选择权还给教师和

---

① 廖山漫:《美国中小学汉语课程设置模式探讨》,《汉语国际传播研究》2011 年第 2 期。

学习者,其目的是满足多样需求。

(一)多元主题

打破传统的"以知识为结构"的单元制教材模式,改为"以主题为模块"的资源体系。Cool Panda 共 5 级,分别对应美国小学 K5 教学阶段。全套共涉及 34 个主题,均根据儿童年龄、认知水平和兴趣爱好进行选择,辅以对现行儿童类教材主题进行比对归纳。以第 1 级为例,主题有 10 个,分别为:动物、数字与颜色、中国文化、家庭与服饰、水果与食物、身体部位与动作、天气、季节与大自然、形状、性状与方位、星期、日期与时间、家居与日常活动。每个主题下有 4 个故事,共 40 个故事,呈现为 40 本读物,每个故事不长,最多 24 页。随着级别提高,主题螺旋上升,循序渐进,或增加新的主题(例如第 2 级的出行),或在同一主题下延展内容(例如第 2 级的动物)。

以主题为纲建构内容,知识结构便成为了暗线。以第 1 级 10 个主题的 40 个故事为例,平均每个故事的词汇数量是 18.2 个,词汇难度更多地考虑学习者兴趣和故事需要,而不是超不超纲。例如动物主题下包括马、象、猫、狗等常见字,也包括长颈鹿、企鹅、松鼠等所谓超纲词,而我们相信,只要主题合适,故事吸引人,这些超纲词对于学生记忆来说根本不算难事。句子长度均为 10 个字以内,句型包括"是"字句、简单主谓宾句、"有"字句、"的"字短语、含"真"的感叹句等。

(二)多元形态

不同资源形态服务不同使用主体,满足不同教学需求。(1)4 开本(约普通A4 纸的 4 倍)教学大书主要在课堂使用,教师引导学生学习,首页配有教学建议,指明核心词汇、句型、教学步骤;(2)32 开本小书主要给学生使用,可以自主阅读,也可以作为家庭亲子读物,与父母共同分享。(3)每个故事后面附有1—2个趣味性练习,练习形式有涂色、查找、儿歌、手工、制作等,有效检验教学效果。(4)Cool Panda 教学资源平台主要用于课堂教学,将教学内容动态化、立体化,提供动画、歌曲、舞蹈、游戏等多种资源形式,提高互动性,方便具备 Smart Board 硬件的学校获得更好的使用体验。(5)App 教学应用。供学生在课堂内外进行一些与教学内容相关的游戏,例如词汇过关、认写汉字等。(6)教学卡片、奖励贴纸、玩偶等教具产品,让学习者沉浸在中文教学环境中学习中文、体验文化。

(三)多元教法

传统教材多以"词汇——对话/课文——练习"体例编写,教学模式较为单一。Cool Panda 以故事为基础,便于教师使用多种教学方法:故事教学法(Story Method)、全身反应法(Total Physical Responses)、内容和语言相结合教学法(Content and Language Integrated Learning,简称为 CLIL)等均有施展空间。实践证明这些教学方法也是最适合儿童语言学习的。Helena Curtain & Carol Ann Dahlberg 在《语言与儿童》一书中提出:儿童开始阅读的时间越早越好! 在低龄阶段开始接触故事阅读会让学习者受益匪浅,教师可以利用阅读前、阅读中、阅读后开展丰富多样的听说读写活动。① 将语言学习与学科内容相结合,实践了"通过语言而学习"的最新教育理念,沉浸式中文教学实践也证明:学生既学语言又学知识,达到双赢的结果,即语言能力和学科知识的同步增长。

(四)多元智能

霍华德·加德纳(Howard Gardner)从发展心理学和神经心理学出发,提出多元智能理论(Multiple Intelligences)②,后经多次修订,确定了语言、空间、音乐、人际、自我认知、自然观察、身体—动觉、逻辑—数学八类智能。Cool Panda 首度将多元智能理论引入中文教材编写,其理论前提是承认每个孩子都具有以上智能,同时每个人又具有不同的天赋和特长,不同智能之间能够相互促进。例如在歌曲、童谣、韵律、说唱等多种音乐形式中学习中文;利用制作、绘画、涂鸦、走迷宫等空间智能学习中文;运用计算、实验等逻辑—数学智能学习中文;利用分类、归纳、理解等自然观察智能学习中文;利用边唱边跳、边做动作边说话等运动智能学习中文。总之,充分调动学习者手、脑、眼、口、耳多种感官,刺激多元智能发展,既有助于促进语言能力提高,又能够使多元智能得到进一步开发。

---

① 海伦娜·柯顿,卡罗尔·安·达尔伯格:《语言与儿童:美国中小学外语课堂教学指南》,唐睿等译,外语教学与研究出版社,2011,第 133 页。

② 霍华德·加德纳:《多元智能新视野》,沈志隆译,中国人民出版社,2008。

（五）多元文化

Cool Panda 的形象设计和命名是由美国学习者投票决定的,而这个名字也体现了中美文化的结合:"熊猫"是中国的象征,受到美国孩子的喜爱,同时美国的"酷"文化也渗入其中。

Cool Panda"中国文化"主题下有 4 个故事:《酷熊猫》《北京欢迎你》《哪个是中国的?》《十二生肖》,其创编将语言、文化对比、认知发展、趣味性几方面进行了巧妙地融合。以《哪个是中国的?》为例,该书介绍国旗、汉字、筷子、人民币、包子、茶、乒乓球等中国典型物品,这些都是很具象、可以展示的物品。该书的创意在于:一方面用"这是……"介绍物品,另一方面用"……在哪儿"让学生在熟悉的物品中观察、寻找物品。(详见图 4 - 1)

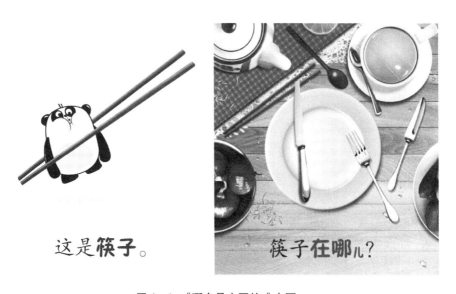

图 4 - 1 《哪个是中国的?》内页

（六）多元设计

儿童厌烦千篇一律、单调枯燥。美国孩子更是以"兴趣第一"而著称,追求"新奇、刺激、好玩儿、酷"。为此 Cool Panda 在形式设计上力争多元。从设计类别来看,故事类(fiction)与非故事类(nonfiction)各占 50% ,从绘画风格来看,包括卡通类、素材类、实景类,以及实景与卡通相结合等多种风格。

综上所述,本节从美国少儿中文教学实际情况出发,以教材使用中的问题为导向,分析了与教材编写密切相关的教学理念、教学目标、教学对象等方面,在此基础上,以 Cool Panda 的编写实践为例,探索少儿中文教学资源在教材形态和功能上的创新,旨在突破了传统教材编写的思维定式,回归教学本质,以"资源"的面貌呈现其新形态,将语言学习功能进一步拓展。在教材研发中尤其突出六个"多元",即多元主题、多元形态、多元教法、多元智能、多元文化和多元设计。

第五章 国际中文教学资源供求研究

教学资源具有商品属性,遵循着包括供求关系在内的一般经济规律。教学资源供给常被理解为资源的"实然"状况,即现用教学资源的客观情况,而需求则是资源的"应然"状态,体现为使用者的要求和期望。当前国际中文教学资源因供求失衡、供求失配而饱受诟病,因而供求分析亦成为研究热点,其研究视角多样,既有聚焦教学内容的供与求,也有注重教学资源市场的供与求。

第一节 来华留学生中文教材的供求分析

教材是教学的依据,也是教师教学质量与学生学习效果的基本保证。语言教学对教材的依赖程度相对较高,教材对教学效果的影响也更加直接。因此教材及教材研究在语言教学领域也具有更加重要的作用及意义。诚如前文所述,全球中文教材已达 19530 种,中文教材的发展速度不可谓不快。但是,在教材数量不断增加的同时,对教材不满意的声音还是不绝于耳,教材同质化、低水平重复的现象依然存在,这反映了教材数量与质量的反差,也体现了教材供求关系的脱节和矛盾。

来华留学生使用的中文教材与海外中文教材共同构成国际中文教材的集合。据本书第二章计量统计,1980 年到 2020 年,关于国际中文教材研究方面的论文有 1131 篇①。从中可以看到,教材研究的数量显著增加,其中,来华留学生中文教材研究占大部分。在研究内容上,教材编写质量逐渐成为教材研究的重点。

一、来华留学生中文教材建设面临的主要问题

(一)教材需要适应新时期语言教学的变化

在国际语言教学理论与实践的影响下,来华留学生中文课堂教学发生了实质性的变化,其特点突出表现为:(1)课堂教学活动化的倾向更加明确,交际练习、任务活动、游戏成为课堂教学的重要组成部分;(2)重视课堂教学的互动性,词语、语法、课文教学的设计都十分重视调动学习者参与和表达,在用中学;(3)重视多种教学方法的使用,从控制性到半控制性,再到开放性的操练活动,环环相扣,更加注重活动间的内在联系;(4)重视设定教学目标,强调教学重点与教学目标一致;(5)普遍使用视觉化的教学手段,图片、音视频、网络资源等广泛使用;(6)课堂教学向课堂外延伸的做法受到普遍认可。② 可以说,目前来华留学生中文课堂教学比以往任何时候都更重视科学性和交际性。然而,现有教材能否适应这些变化,新一代教材应该从哪些方面做出调整和改变来适应教学发展变化的需要,是教材编写面临的问题。

(二)教材需要适应教师队伍的变化

截至 2023 年底,教育部官网公布的汉语国际教育专业本科四年制招生院校共计 409 所,全国汉语国际教育硕士专业学位授权点共 198 个,在教育博士(EDD)之下设立汉语国际教育领域高校达到 23 所。③ 可以说,国际中文教师队伍年轻化、专业化的趋势相当明显。教师队伍中不断充实进来的新手教师虽然

---

① 李泉:《近 20 年对外汉语教材编写和研究的基本情况述评》,《语言文字应用》2002 年第 3 期。
② 引自 2015 年 7 月靳洪刚教授在国际主流语言教学法高级讲习班上的讲话。
③ 李东伟,吴应辉:《汉语国际教育本硕博教育体系建构及其演变》,《贵州师范大学学报(社会科学版)》2024 年第 3 期。

具有专业背景,但教学经验不足,教材如何为新手教师提供更多帮助,如何激发并保持年轻教师的教学热情来保证教材的使用效果,是编写教材时亟须解决的问题。

(三)教材需要适应学习者需求的变化

根据教育部发布的信息,2018 年,共有来自 196 个国家和地区的 49.22 万名留学生来华留学。其中,来自"一带一路"沿线 64 国的留学生共计 26.06 万人,占总人数的 52.95%。越来越多的留学生来华攻读学历课程,学历生和研究生占比实现双增长。学习工科、管理、理科、艺术、农学的学生数量增长明显,同比增长超过 20%,显示出我国自然学科专业教育越来越具有吸引力。[①] 据调查,留学生普遍使用社交软件,用中文与中国学生聊天的占 86.8%,70.7%的留学生愿意或者非常愿意与中国学生进行语音聊天[②],这成为近年来留学生语言生活的一大特色。由此可以发现,留学生人群在规模、来源国家、学习目的、动机、学习方式等诸多方面发生了改变,需要教材建设者认真分析,及时应对。

总之,中文教材编写需要与时俱进。一线教师是教材的使用者,也最了解学习者的学习需求。针对一线教师的教材使用现状及需求的调查和分析研究可以为教材编写提供更有针对性的依据。中文教材的需求研究相对薄弱,现有研究以海外中文教材[③]、听力、商务等专项中文教材[④]的需求调查为主。本节拟从需求与供给的角度,通过一项教师问卷调查,初步考察目前国内来华留学生中文教材需求、供给情况以及二者之间的关系,以期能给教材建设提供一些建议。本节将教材需求(以下简称"需求")定义为教师和来华留学生对中文教材的要求和期望,体现在教材的不同方面;教材供给(以下简称"供给")定义为教师现在使用的教材的客观状况。

---

① 《196 个国家和地区的 49.22 万名留学生去年来华留学》,https://www.gov.cn/xinwen/2019 – 06/03/content_5397181.htm。

② 李艳:《北京语言生活状况报告》,商务印书馆,2018,第 130 – 142 页。

③ 冯丽萍:《泰国中学汉语教材需求分析与教材编写设计》,《云南师范大学学报(对外汉语教学与研究版)》2014 年第 2 期。

④ 吴思娜.:《外国留学生听力课堂活动与教材需求分析》,《汉语学习》2013 年第 1 期。

二、研究设计

(一)研究方法与调查对象

本节主要采用问卷调查法。共有 129 位教师填写了问卷,回收有效问卷 129 份。

(二)问卷编制

本节采取自编问卷。问卷共三部分:调查对象的基本情况 10 项、教材需求调查 30 项、教材供给调查 30 项。需求调查和供给调查的选项一一对应,目的是检验需求和供给的差异。调查内容包括教学目标、教师特点、学生特点、教学方法、结构、主题、难度、活动、文化、技能、趣味性、真实性、规范性、系统性、交际性、配套、购买、价格、培训等。答案采用 5 度量表的形式。问卷发放前,在部分教师中征求意见并进行了前测,最终形成问卷。

(三)研究问题

1. 来华留学生中文教师对在用教材现状的满意度如何? 需求度如何?"强需求"体现在哪些方面?

2. 教材的需求和供给现状之间是否存在差异? 如果存在,差异呈现何种特征?

3. 上述两点对教材建设具有哪些影响? 有何启示?

(四)数据处理

采用 SPSS15.0 对数据进行分析和处理。首先进行内部一致性检验,Cronbach alpha 数值为 0.955,60 个题项内在一致性较好,统计数据的信度较大。

三、调查结果与分析

(一)基本情况及特点

1. 一线教师年纪轻、学历高、教学年限短、课程任务重

129 份问卷中,年龄在 30 岁以下的教师占 70.5%,教龄在 1 到 3 年的新手教师占 71.3%,其中具有硕士及博士学位的教师占 65% 以上。在所教课型一项调查中有 84.5% 的教师教综合课(主干课),近 56% 的教师教口语课,教阅读课和

听力课的也各有 30% 左右,有 14.7% 的教师教写作课。① 可见,目前国内的一线中文教师呈现出年纪轻、学历高,但教学年限不长,承担的课程却很重要等特点。

2. 在用教材品种丰富、选用分散

为了了解目前教材使用的一般状况,本节采取了开放性的调查方式。调查结果显示目前在用的教材多达 53 种,其中使用比例较高的有 6 种教材(具体情况见表 5 - 1)。

表 5 - 1 在用教材的名称和占比

发展汉语	汉语教程	成功之路	汉语口语速成	博雅汉语	汉语会话 301 句
22.5%	19.4%	10.9%	9.3%	9.3%	8.5%

总体来看,第一,教材的选择余地很大。来华留学生中文教材建设在我国已有 60 余年历史,积累了丰富的教材成果。第二,尽管教材品种较多,教师对教材品牌的认知趋向较为分散,公认的经典教材不多。第三,任何教学单位选择和更换教材都十分慎重,教学对象十分复杂,教学类型多样,选用教材也较为灵活。

(二)教材需求与供给的总体考察

1. 整体呈现"供不应求"的状态

为全面分析教材各要素需求与供给之间的关系,本节借用经济学中供求关系的概念来考察教材 30 个项目上需求与供给差异。经济学中供求关系是指在商品经济条件下,商品供给和需求之间的相互联系、相互制约的关系。供求关系具有三种状态:供不应求(需求 > 供给)、供过于求(供给 > 需求)和供求平衡(供给 ≈ 需求)。为此,本节将需求与供给各项进行配对样本 T 检验,发现除 Q28(购买便利性)(t = 0.5, p = 0.62 > 0.05)、Q29(价格)(t = 2.45, p = 0.16 > 0.05)以外,需求与供给各项之间的差异非常显著(p < 0.05),28 项均表现出较大差异,且需求与供给的差为正数,表明需求显著大于供给,呈现为"供不应求"的状态,

---

① 本题为多选题,一般的教师都是教授综合或者口语课外,还教听力、阅读或写作等课程。

供给没有满足需求。

2. 整体呈现"高需求、中供给"的状态

30 个需求项平均值为 4.13(SD = 0.78),相对总分值 5 而言,平均值较高,说明教材需求度较高。30 个供给项平均值为 3.51(SD = 0.83),说明教材满意度中等偏上。28 个"供不应求"项目中,需求与供给各项之间的差异最大的有以下 10 项(详见表 5 - 2)。这 10 项可称为目前中文教材"强需求",也是教材建设较为薄弱的环节。"强需求"主要表现在以下三大方面:教材符合学生特点(Q5、Q6、Q7),教材灵活性、趣味性、真实性、交际性(Q4、Q12、Q13、Q20),配套服务(Q26、Q27)。

表 5 - 2　教材需求与教材供给之间的差异

题项	需求(X)		供给(G)		差异	t 值	p 值
	M	SD	M	SD	(X - G)		
Q4 灵活性,为教学提供多种选择。	4.3	0.75	3.4	0.84	0.9	9.11	0.000
Q5 符合我的学生的年龄、认知水平、心理水平。	4.5	0.71	3.6	0.79	0.9	10.58	0.000
Q6 符合我的学生的中文水平。	4.5	0.65	3.7	0.66	0.8	10.16	0.000
Q7 有助于提高并维持学生的学习动机。	4.4	0.76	3.4	0.84	1	10.35	0.000
Q12 内容(包括话题、课文、活动等)的趣味性。	4.3	0.71	3.3	0.83	1	11.54	0.000
Q13 语言的真实性。	4.6	0.67	3.6	0.90	1	10.06	0.000
Q19 包括综合运用语言技能的活动。	4.3	0.74	3.6	0.79	0.7	7.710	0.000
Q20 活动的交际性。	4.5	0.72	3.6	0.90	0.9	9.64	0.000
Q26 辅助配套,如练习册、教师用书、测试等。	4.1	0.79	3.3	0.97	0.8	7.60	0.000
Q27 多媒体配套,如录音、视频、网络等。	4.1	0.83	3.3	0.95	0.8	7.77	0.000

（三）教材需求与供给的具体考察

1. 在适配性方面，教材符合学习者情况成为教师首要关注点

教材适配性是指教材与一定教育环境之间的适应力和匹配度，包括教材与教学情境、教学大纲、教师和学习者的适配性①。问卷调查了教材三方面的适配情况：①符合教学理念（Q1，X－G＝0.3）、教学目标（Q2，X－G＝0.4）；②符合教师对教材便利性（Q3，X－G＝0.5）和灵活性（Q4）的需要；③符合学生的认知水平（Q5）、中文水平（Q6）、激发学习动机（Q7）。（详见表5－2）调查结果显示：①较好，供求差异相对较小（X－G＜0.5），②在灵活性方面供求差异较大，③较弱，供求差异大（X－G＞0.5）。

从中可以看出，第一，教师非常重视教材的适配性，尤其是教材是否符合学习者的实际情况，在教师看来，这一点是教材好用与否的关键。这也从另一方面证明，以学习者为中心的中文教学原则已经被广大教师所接受，成为教材编写必须遵守的刚性原则之一。第二，国内中文教学界对一些基本教学理念较为认可，中文教学在国内高校和社会机构的课程设置、教学要求、教学目标都比较明确，这很好地体现在了教材编写中。第三，教材提供的灵活性仍有待加强。教师使用教材不是照本宣科，教师需要教材提供多种选择和调整空间，利于他们综合使用多种教学方法和技巧。

2. 在整体设计方面，教材配套服务仍有较大提升空间

教材的整体设计是指教材的整体结构规划，如级别、体例、板块、版式、配套等。调查结果显示，教师对教材呈现的教学思路和流程（Q8，X－G＝0.4）、级别设置和各册衔接（Q9，X－G＝0.6）、体例编排和联系（Q10，X－G＝0.5）、版式设计（Q25，X－G＝0.4）方面供求差异较小，较为满意，但是对辅助配套（Q26）、多媒体配套（Q27）供求差异较大，需求仍未得到很好满足。（详见表5－2）

从中可以看出，第一，教师认为教材内部结构设计比外在版式设计更重要。第二，单凭课本自身已远不能满足教学需要，教师在使用教材过程中还需要更多

---

① 梁宇：《试论国别汉语教材的适配性》，《中国编辑》2017年第2期。

的辅助资源,而目前的教材研发在这方面与教师的教学需求还有较大差距,是教材编写与出版亟待解决的问题。

3.在语言教学内容的选择和安排方面,系统性优于趣味性,语言知识优于技能训练

调查显示,第一,来华留学生中文教材中对语言知识的处理,无论是知识量(Q15,X－G＝0.4)、系统性(Q16,X－G＝0.3),还是注释和范例(Q17,X－G＝0.5)都较为成熟,受到教师的普遍认可,这也是语言知识方面的研究成果在中文教学中的具体表现。第二,虽然在语言知识的编排上能做到循序渐进,但是教学内容的趣味性(Q12)明显不够,供求差异较大。第三,课文语言较为规范(Q14,X－G＝0.5),但在语言真实性(Q13)上还需加强。第四,语言技能训练(Q19、Q20)的满意度明显低于语言知识方面(Q15、Q16、Q17),可见,教材在语言知识教学方面做得更好一些,而语言技能训练仍有待加强。(详见表5－2)

当代语言教学理念的核心思想之一就是在使用中学会语言。教师对课堂活动的重视程度非常高,其中包括综合运用语言技能的活动,特别是交际性活动。因此教师在这方面对教材有明确的要求,而目前教材在这个方面做得还不够理想。

4.在文化教学内容的选择和安排方面,总体不理想,融入其他国家文化存在争议

与语言教学内容相比,文化教学内容的各选项均值总体偏低。中华文化知识的丰富性(Q21,X－G＝0.7)和文化知识的呈现形式(Q23,X－G＝0.6)都不令人满意,这反映了文化教学内容编写方面的短板。包括其他国家文化(Q22,X－G＝0.6)是需求(M＝3.4,SD＝0.84)和供给(M＝2.8,SD＝0.95)两方面均值都最低的选项,目的语环境中的中文教材,是否应该包括其他国家的文化,现用教材这方面状况如何,大家看法不一,持否定态度的人也不在少数。

四、讨论与建议

(一)以质量为核心,推动教材内涵式发展

自1958年《汉语教科书》出版以来,国际中文教材建设持续了60余年,教材

数量逐年增长,成为支撑中文教学发展的支柱之一。近年来,中国成为亚洲最大留学目的国,留学生人数不断攀升。2018年9月中国教育部印发《来华留学生高等教育质量规范(试行)》的通知,其宗旨是为推动高等教育内涵式发展,提高来华留学生高等教育质量。内涵式发展的核心是质量,国际中文教材建设也要从数量的增长向质量的提升转变。

从调查结果来看,当下国际中文教材选用混杂,教师对教材的满意程度总体较低,这都说明广泛使用、普遍认可的经典中文教材依然不足,教材成为学科建设的薄弱环节。提升教材质量可从供给的角度发力,提高供给的质量和效率,满足需求,甚至升级并创造新的需求。为此,我们应注重内容研发,突出优质品牌,延长精品教材生命力。及时修订具有一定品牌影响力的教材,适当延伸精品教材产业链,扩大精品教材的品牌效益,铸造经典教材。

(二)立足中文特点,汲取学科研究营养

调查反映出,教材在语言知识方面优于技能训练,但在实际教材编写中,二者不可分割。全面提升教学内容编排的科学性不限于教材研究本身,更需要学科基础理论研究的支撑。

教材编写的"本源"是教师"教什么""怎么教"和学生"学什么""怎么学"。"教什么"和"学什么"涉及语言知识。目前教材编写的做法是,在继承以往教材编写经验的基础上,融入编者自己的教学经验以及对教材编写的理解。尽管如此,一些基本问题仍未解决,如,汉字、词汇、语法的科学分级、排序、复现等问题,又如:"语文并进"还是"语文分开"?什么时候"分"?什么时候"并"?语音教学集中还是分散?集中多久?分散多长?等等。这都需要我们立足中文特点,汲取学科基础理论研究的养分,在教材编写中加以实践,在教材使用中加以检验。

"怎么教"和"怎么学"涉及第二语言教学理论、教学理念、教学模式、教学方法,以及习得研究。教学理论研究要放眼世界,在世界第二语言教学研究的大平台上,勇于借鉴,在借鉴中融入中文特点,加以改造和创新。例如教材中真实性语料的使用问题,可以借鉴真实语料教学理念,通过语用调查,整理可供参考的交际图式,用以规范教材的话语体系,提高语料真实性。

（三）明确文化定位，体现文化胸怀

调查显示，教材中文化内容比语言内容的满意度略逊一筹，对文化的层次、范围、呈现等问题仍模糊不清。为此，我们提倡：第一，应根据教学需要和教学类型确定教材中语言与文化的主次，语言课教材要以语言教学为主，文化教学为辅，语言是明线，文化是暗线。文化内容服务于语言学习，科学控制文化内容的语言难度。第二，关注文化内容的贴合度、自然度和学生的接受力，文化的呈现方式应多样化，融入式与嵌入式呈现方式相结合，显性融入与隐性融入相结合。第三，文化内容应有助于提升外国学生人文素养，让学生不仅认识古代中国，还要解读当代中国的社会风貌；通过中文和文化学习，不仅培养学生对中国文化的理解能力，更要借助各国文化的展示和比较，培养学生跨文化能力。

（四）从学习者出发，优化教材教学内容

在"教"与"学"两个维度中，学生"学什么""怎么学"更为重要。教材编写者和使用者需要关注：第一，设定明确的教学目标。该目标不应为"我想教什么"，而应为"我希望学生能够做什么"。通过教学目标激发学生"达成目标"的学习动机，让学生对自己的学习过程负责。第二，从学生兴趣出发，结合学生的中文水平和母语背景，选择和编排相应话题。第三，除了关注课堂教学以外，还应关注学生的"语言生活"，包括他们在校园生活、社会生活和网络生活中的语言资源和文化资源，利用真实、自然的语料，一方面加强课文、任务的"情境性"，另一方面提高对话、课文语言的真实性和自然度，为"学以致用"奠定基础。第四，根据学生的注意、记忆、思维、想象等认知特点，调整对话或课文长度、拼音和外文注释的方式、课文与练习的距离、语法点展示、讲解和练习的方式等。第五，活动设计遵循"三明治"原则："上面的面包"是教师导入（布置任务和语言准备），"中间的馅料"是以学生为主的活动，"下面的面包"是形成性评价，"三明治"原则的核心是"面包薄，馅儿厚"，以学生活动为主体。第六，除了教学内容，可以通过一些灵活的设计，融入学习策略和技巧方面的内容，帮助学生完成学习目标。

（五）以资源为导向，促进教材数字化发展

2018年4月教育部出台了《教育信息化2.0行动计划》，我国将大力推进"互联网＋教育"战略。在国外,可汗实验学校、虚拟学校、STEM 课程学校等各类未来学校也在探索"教育与技术相融合"的创新形态①。围绕互联网的云计算、大数据、物联网等技术将深刻影响教育的现在与未来。这种趋势不可阻挡,国际中文教育应顺势而为、统筹规划,迎接"以人工智能为核心技术"的教育信息化新阶段。

本节的调查结果也反映了教师对教学材料资源化、数字化的诉求。在全球教育信息技术浪潮下,国际中文教材建设应进一步向"资源""数字"转变,实现网络化、数字化、智能化。为此,我们应关注:第一,有助于创设沉浸式学习情境的新技术。在语言学习中,为学习者创设真实的语言文化情境尤为重要。随着 5G 时代的到来和富媒体、虚拟现实、增强现实等技术不断优化,富媒体教材、VR 教材、AR 教材相继出现,让学习者"身临其境"地体验中文、学习中文将会成为现实。第二,个性化学习内容的定制和推送。大数据与认知计算技术的发展可以分析学习者的个性特征、学习水平、学习动机、学习风格、学习行为等,为其定制并推送个性化课程,满足个性化需求,为此应储备完整的、碎片化的、素材化的中文学习资源,解决碎片化知识的体系问题,便于知识的提取、拼装、组合、应用。第三,数字化教材的教学模式。目前教学平台、App 应用、微信小程序等教学资源日益丰富,在线教学、双师课堂、自主阅读、慕课、微课、翻转课堂等多种网络教学模式层出不穷,如何利用数字化资源辅助教学? 使用效果如何? 还需要教学工作者在教学实践中不断摸索、验证。

---

① 祝智庭、管珏琪、丁振月:《未来学校已来:国际基础教育创新变革透视》,《中国教育学刊》2018 年第 9 期。

第二节　东南亚孔子学院教学资源的供求分析

东南亚是国际中文教育发展的重要区域之一。自 2005 年 6 月新加坡南洋理工大学孔子学院成立以来,东南亚孔子学院建设数量一直保持平稳增长态势。截至 2019 年 12 月,东南亚共建有 40 所孔子学院和 17 所孔子课堂,分布在 9 个国家。孔子学院①对当地中文教学和文化传播发挥了积极作用。孔子学院日常教学活动离不开教学资源支持,教学资源建设成为孔子学院提升教学品质的重要途径。

东南亚国家中文教材研究十分丰富,但此类研究多以某个国家、某个地区的教材使用调查为基础提出编写建议,研究视角略显微观,调研数据较为分散,结论的普适性不强。相比之下,将东南亚作为一个整体区域的中文教材研究更具宏观视野和战略意义。韩明曾对东南亚中文教材编写者、教材总体设计、教材配套、本土开发提出针对性建议。② 沈毅、陈丽梅指出,应提高东南亚中文教材编写的针对性、实用性、趣味性。③ 李小凤对东南亚华文教材提出如下预测和建议:印尼、泰国、柬埔寨以外的国家具有很大的合作空间,学前教育前景广阔,合作编写当地化教材展现出良好的前景,多层次、多类型教材是未来发展的趋势,应教材集中化、教学当地化,应制定教材选择指引,扩宽教材发行渠道。④ 周小兵提出"用户调研、系统构建、多角度合作"的东南亚中文教材研发方略。⑤ 梁宇提出对

---

① 下文对孔子学院和孔子课堂不加区分。
② 韩明:《东南亚中文教材使用现状调查研究》,《国家教育行政学院学报》2012 年第 3 期。
③ 沈毅、陈丽梅:《东南亚国家汉语教材建设发展战略》,《云南师范大学学报(对外汉语教学与研究版)》2014 年第 3 期。
④ 李小凤:《东南亚华文教材使用状况调查及当地化探讨》,《海外华文教育》2016 年第 5 期。
⑤ 周小兵:《加强东南亚汉语人才培养与教材研发》,《中国社会科学报》2017 年 12 月 7 日。

东南亚十国"分类施策"的教学资源发展策略。[①] 以上研究,分别对东南亚国家高等教育、基础教育、华文教育中的中文教材使用状况进行了较为细致的调查,却对孔子学院中文教学资源现状未曾涉及。

本节以东南亚 50 所孔子学院[②](见表 5-3)《2018 年孔子学院大会交流材料》为基础,将教学资源相关信息进行结构化数据处理,自建数据库,并对"注册学员数、教材使用情况、教材研发情况、数字化教学资源开发与使用情况"四个字段下的数据进行定量和定性分析。力图展现 2018 年东南亚孔子学院教学资源需求与供给的整体状况和显著特点,并在此基础上提出建议,助力东南亚孔子学院教学资源建设迈上新台阶。

表 5-3   2018 年东南亚 50 所孔子学院分布

国家	泰国	印尼	菲律宾	老挝	缅甸	新加坡	马来西亚	柬埔寨	越南
孔子学院数(所)	27	6	4	3	3	3	2	1	1

一、教学资源需求预测

2018 年东南亚 50 所孔子学院中,45 所孔子学院报告了注册学员数,总人数达 376524 人,每所孔子学院平均学员数约为 8367 人。如果按学员人手一册中文教材估算:东南亚孔子学院教材使用总量约为 37 万—40 万册(不含配套教辅用书)。九国孔子学院教材使用量从多到少依次为:泰国 > 菲律宾 > 缅甸 > 印尼 > 柬埔寨 > 马来西亚 > 新加坡 > 老挝 > 越南。其中泰国占比 67.1%,使用量约为 25 万册,菲律宾、缅甸、印尼、柬埔寨、马来西亚五国孔子学院教材使用量也都在万册以上。(见图 5-1)

---

① 梁宇:《东南亚中文教材发展评估的国别比较研究》,《民族教育研究》2017 年第 5 期。
② 2018 年、2019 年新建的 7 所孔子学院没有数据,不在本节考察范围内。

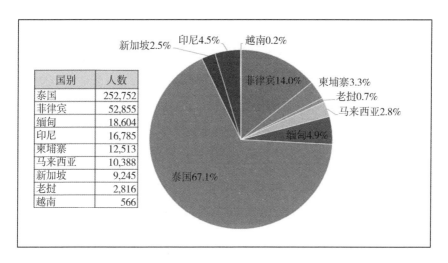

国别	人数
泰国	252,752
菲律宾	52,855
缅甸	18,604
印尼	16,785
柬埔寨	12,513
马来西亚	10,388
新加坡	9,245
老挝	2,816
越南	566

新加坡2.5% 印尼4.5% 越南0.2% 菲律宾14.0% 柬埔寨3.3% 老挝0.7% 马来西亚2.8% 缅甸4.9% 泰国67.1%

图 5 – 1 2018 年东南亚孔子学院注册学员数

注册学员数在万人以上的孔子学院有 11 所,8 所为泰国孔子学院,2 所为菲律宾孔子学院,1 所为柬埔寨皇家科学院孔子学院。(见表 5 – 4)

表 5 – 4 2018 年东南亚注册学员数最多的 11 所孔子学院

孔子学院名称	人数	孔子学院名称	人数
农业大学孔子学院(泰国)	48824	亚典耀大学孔子学院(菲律宾)	16927
宋卡王子大学普吉孔子学院(泰国)	38774	宋卡王子大学孔子学院(泰国)	16438
红溪礼示大学孔子学院(菲律宾)	30797	国光中学孔子课堂(泰国)	14212
川登喜大学素攀孔子学院(泰国)	22480	孔敬大学孔子学院(泰国)	13895
易三仓大学孔子学院(泰国)	22433	皇家科学院孔子学院(柬埔寨)	12513
东方大学孔子学院(泰国)	19768		

虽然 40 万册的教材使用量只是按学员数量换算的"应然"数据,而非"实然"数据,但这两组数据也能反映出东南亚孔子学院中文教材的总体需求规模。教学需求与教材需求呈正相关关系,即教学需求越大,教材需求也会随之增长,反之亦然。

二、教学资源供给分析

（一）教材选订情况

"国际中文教育资源网"（https://www.hfbook.cn）是世界各地孔子学院选订教材的网络平台。本节借助网络爬虫技术，从"国际中文教育资源网"抓取了5041条教材信息（抓取日期：2020年1月19日），数据经过人工筛查后，保留有效信息3929条，核查并补全"语种"字段下信息。东南亚9国共有官方语言11种，其中新加坡为多语制国家，有英语、汉语、马来语、泰米尔语4种官方语言，其他8国均为单语制国家，即法律规定了一种官方语言。为此，我们考察了"国际中文教育资源网"9国11种官方语言版本的中文教材供给情况。其中，英语版教材2281种，中文版教材300种，其他9个语种版本的教材共190种，占总品种数（3929）的4.83%。9个语种的教材数量从多到少依次为：泰语 > 印尼语 > 缅甸语 > 菲律宾语 > 柬埔寨语 > 老挝语 > 泰米尔语 > 马来语、越南语。（见图5-2）

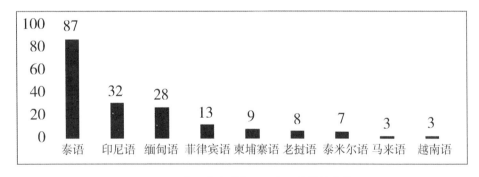

图5-2　孔子学院赠书网9个语种教材数量

系列教材是指级别连续且有配套教辅的教材集合，它能够为教学提供系统化知识技能体系。不同教育层次上学习者的认知水平和学习特点不同，与之相配的系列教材也不同。表5-5显示了"国际中文教育资源网"可以提供的以上9个语种的系列教材，其中泰语版和印尼语版的系列教材品种较为充足，缅甸语版教材也已齐全，但其他几个语种版本的系列教材仍然缺乏。

表5−5　"国际中文教育资源网"可供的9个语种系列教材分布

	小学	中学	大学/成人
泰语	《汉语乐园》《开开汉语》《体验汉语·小学》	《快乐汉语》《跟我学汉语》《体验汉语·初中/高中》	《泰国人学汉语》《新实用汉语课本》《当代中文》《长城汉语》
印尼语	《汉语乐园》	《快乐汉语》《跟我学汉语》	《当代中文》《新概念汉语》《初级标准华语》《基础华语》
缅甸语	《汉语乐园》《缅甸小学汉语》	《跟我学汉语》	《当代中文》
菲律宾语	《汉语乐园》	—	—
柬埔寨语	—	《快乐汉语》	—
老挝语	—	—	《体验汉语基础教程》
泰米尔语	《汉语乐园》	—	—
马来语	—	—	—
越南语	—	—	—

（二）教材使用的总品种数

2018年东南亚50所孔子学院中,31所孔子学院报告了教材使用情况,总品种数达94种。使用频率最高的12种教材详见表5−6,有15所孔子学院选用了《体验汉语》,成为使用频率最高的教材。

表5−6　2018年东南亚孔子学院教材使用频率排名

序号	教材名称	使用频率	序号	教材名称	使用频率
1	《体验汉语》	48.39%	7	《汉语》	16.13%
2	《HSK标准教程》	35.48%	8	《商务汉语》	12.90%
3	《汉语教程》	22.58%	8	《新实用汉语课本》	12.90%
4	《发展汉语》	19.35%	10	《博雅汉语》	9.68%

序号	教材名称	使用频率	序号	教材名称	使用频率
4	《快乐汉语》	19.35%	10	《跟我学汉语》	9.68%
4	《汉语会话 301 句》	19.35%	10	《长城汉语》	9.68%

（三）教材使用的类型分析

94 种教材中，按学习目标可分为三类：中文教材有 74 种，占比 78.72%；考试教材有 14 种，如《HSK 标准教程》《HSK 真题集》等；文化教材有 6 种，如《中国文化常识》《中国概况》等。（见图 5-3）

按课程类型可分为六类：综合课教材有 35 种，占比 37.23%；技能课教材有 19 种，占比 20.2%，其中听说类教材较多；考试辅导课教材有 14 种；行业课程教材有 10 种，包括《商务汉语》《导游汉语》《公司汉语》《航空汉语》《机场汉语》《经贸汉语》等；词汇、汉字等要素课程教材有 8 种；文化课教材有 6 种；汉语言专业课教材有《现代汉语》《古代汉语》两种。（见图 5-4）

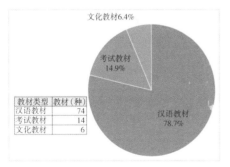

图 5-3　按学习目标分类　　　　图 5-4　按课程类型分类

以上可见，(1)东南亚孔子学院选用的教材品种丰富、种类多样，几乎涉及了所有主要的教材类型。在泰国玫瑰园中学孔子课堂、南邦嘎拉娅尼学校孔子课堂，甚至为高中生选用了部分技能类中文教材和文化教材，这种现象值得关注。如果该教育层次上综合课教材普遍不能满足技能训练需求，教材修订中应加以完善;如果学校在该教育层次上除综合课以外普遍增加了技能类课程,该层次的技能类教材研发则需要跟上。(2)在大学层次上,国内来华留学生教材仍为主要选项,《汉语教程》《发展汉语》《博雅汉语》也是国内高校为来华留学教育选用的主要教材品种。东南亚孔子学院选用这类教材,一方面有利于与中国高校中文教育在教学内容、语言水平上顺利对接;但另一方面也会出现与当地教学环境不适配的情况。(3)行业中文教材品种逐渐增多,多用于当地职业院校、大学专业和培训机构的课程,其中商务、导游、航空是需求较为集中的行业类型。

94 种教材中,73 种注明了教学使用层次,可分为小学、中学、大学、社会培训四大类。其中有 60 种在大学层次使用,16 种在中学使用,10 种在职业教育和培训机构使用,6 种在小学使用。(见图 5 - 5)

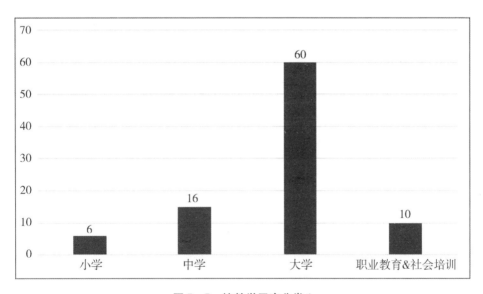

图 5 - 5　按教学层次分类 1

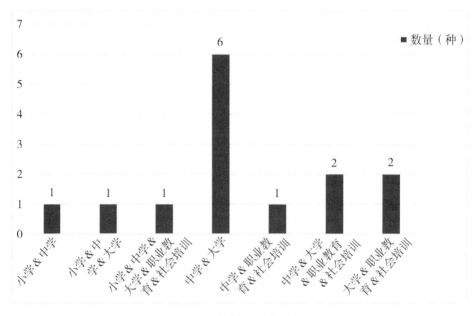

图 5 - 6　按教学层次分类 2

通过考察发现,一种教材在多个教育层次上使用的情况很多,教材设计的适用层次与实际使用层次不匹配的现象较为突出。(见图 5 - 6)例如《快乐汉语》这套教材在吉拉达学校孔子课堂小学中文教学中使用,也在马来西亚世纪大学孔子学院大学生快乐中文课上使用,而这套教材是为参加英国普通中等教育证书考试(GCSE)的 11—16 岁的中学生编写的教材。又如,泰国吉拉达学校孔子课堂为高中生选用《汉语教程》,玫瑰园中学孔子课堂在初中使用《发展汉语》,在高中使用《博雅汉语》,南邦嘎拉娅尼学校孔子课堂为高中选用《汉语教程》《汉语听力教程》《汉语会话 301 句》等,而这几套教材都是较为典型的为大学层次学习者编写的中文教材。(见表 5 - 7)

表 5 – 7　教材适用层次与使用层次对比

	教材名称	适用年龄/层次	实际使用层次			
			小学	中学	大学	社会
1	《汉语教程》	成人/来华留学本科学历教育		√	√	
2	《发展汉语》	成人/来华留学长期进修教育		√	√	
3	《快乐汉语》	11—16 岁/英国中学	√	√	√	
4	《汉语》	海外全日制华文学校 1—6 年级			√	
5	《汉语会话 301 句》	初学汉语的外国人编写的速成教材		√	√	
6	《博雅汉语》	成人/零起点及初学汉语的留学生		√	√	
7	《跟我学汉语》	15—18 岁/以英语为母语的中学生		√	√	√
8	《汉语口语速成》	大学/短期来华留学生		√	√	
9	《汉语听力教程》	成人/来华留学本科学历教育		√	√	

（四）教材自主研发情况

2018 年,7 个国家 17 所孔子学院自主研发了 22 种教材,其中已经完成的有 14 种,另外 8 种还在编写。4 种为改编翻译版:《快乐汉语(菲律宾语版)》《快乐汉语(缅甸语版)》《跟我学汉语(缅甸语版)》《当代中文(缅甸语版)》,其余 18 种均为新编教材,主要有两类:一是基础综合教材,如《创创汉语》《华夏汉语》和 Basic Mandarin 等;二是行业中文教材,如《议员汉语》《旅游汉语》《涉外汉语》等。(见表 5 – 8)34% 的孔子学院都在开展教材自编,其中 82% 为新编教材,可见,教材自编的需求很旺盛。

表 5 – 8　2018 年东南亚孔子学院自编教材情况

	孔子学院名称	自编教材名称(共 18 种)	研发状态
1	亚典耀大学孔子学院	《东南亚职业汉语速成》	研发中
2	马来亚大学孔子汉语学院	Basic Mandarin	完成
3	皇太后大学孔子学院	《汉语三》《汉语四》《创创汉语 1 – 4 册》》	完成

续表

	孔子学院名称	自编教材名称(共18种)	研发状态
4	孔敬大学孔子学院	《职业技术院校学生职业汉语培训教材》《华夏汉语(泰语版)》	研发中
5	农业大学孔子学院	《议员汉语》《泰国出租车司机汉语培训》	研发中
6	宋卡王子大学普吉孔子学院	《实用旅游汉语》	完成
7	朱拉隆功大学孔子学院	《泰国人学汉语》《移民局警官专用汉语》	完成
8	明满学校孔子课堂	《汉语词汇学习手册》	完成
9	南洋理工大学孔子学院	《中文应用文写作》《中国历史文化九讲》	完成
10	哈山努丁大学孔子学院	《旅游汉语》《涉外汉语》	研发中
11	泗水国立大学孔子学院	《千岛旅游汉语分级教程》	研发中

(五)数字化教学资源开发与使用情况

2018年,泰国5所孔子学院和印尼2所孔子学院开展了数字(在线)中文课程的开发和教学。7所孔子学院数字化工作有如下三个特点:(1)孔子学院均利用了合作院校现成的数字平台资源,这保证了数字课程符合当地网络环境,能够平稳"落地"运行,方便合作院校的学生在线选课。(2)孔子学院不仅利用平台开展教学,还自主开发数字(在线)课程。皇太后大学孔子学院开发的数字课程种类比较多,其他孔子学院还开发了职业院校数字课程、"每日中文"微课、"HSK词汇速记"等。(3)资源规模和受众规模不断扩大,如皇太后大学孔子学院开发了29门课程,注册用户达2万余人,朱拉隆功大学孔子学院预计开发100课"每日中文"微课,易三仓商业学院孔子课堂面向全泰国3000多所学校300余万学生播出教学节目。(见表5–9)

表5-9　2018年东南亚孔子学院数字化教学资源开发与使用情况

国别	孔子学院名称	数字化教学资源开发与使用情况
泰国	海上丝路孔子学院	开展在线中文教学
	皇太后大学孔子学院	(1)数字化资源开发:自2015年以来,利用皇太后大学的服务器资源开发了"网上中文练习和测试系统",内容包括中文、中医和HSK/YCT辅导,共29门课程。课程内容包括音频、视频、文本、标准化考题,目前注册用户21456人; (2)数字化管理:实现了对学生的学籍、选课、排课、考勤、作业批改、成绩登记等方面的管理; (3)利用数字化和互联网手段提升办学质量:解决了课时、课外辅导、练习批改、质量监测、学习兴趣等方面存在的问题,使中文课程通过率达97%以上,学生成绩优良率达81%以上
	孔敬大学孔子学院	(1)开展网络在线课程的开发; (2)建设泰国职业院校学生留学预备中文在线网络课程
	朱拉隆功大学孔子学院	与朱大图书馆合作开发"每日中文"微课项目,每次3-5分钟,现已完成播放30课,预计2019年6月项目全部完成,共100课
	易三仓商业学院孔子课堂	承担皇家御计划卫星远程教育电视台中文课程的编写、策划和播出,每一节课都采取同步录像,全天24小时播放教学节目,全泰国3000多所学校300余万学生可以收看
印尼	玛琅国立大学孔子学院	借助合作院校华中师范大学国家数字化学习工程研究中心,计划于2019年在线课程平台建设好以后,开发在线课程,以图教学效果的进一步提高
	泗水国立大学孔子学院	申请了"HSK词汇速记(1-4)"在线课程

三、思考与建议

（一）加强本土中文教材编写培训

自 2012 年，为缓解教材在海外不适用等问题，孔子学院总部提出"支持孔子学院开发本土教材"①。据统计，截至 2018 年底，共有 114 个国家（地区）的 457 所孔子学院开发了 3119 册本土教材。但较为遗憾的是，这些本土教材大部分只是"半成品"，没有出版，没有推广，使用率较低。从以上统计数据也可看出，孔子学院对自编教材的需求很旺盛，为此应采取具体措施，如开展教材编写培训，提供教材编写指导手册，展示教材编写范例，制作教材编写微课等，帮助当地孔子学院的教材编写者：（1）掌握教材编写的基本程序；（2）掌握中文教材编写的基本原则；（3）了解中文教材的教学设计，语言要素、语言技能、文化内容的编写顺序及相互照应关系；（4）遵循国际中文教学的语言文字标准②，了解汉字、拼音、标点等使用规范；（5）正确使用地图、国家领导人照片、民族宗教问题用语等，避免教材中出现政治性错误。

（二）重视行业中文教材和当地语种教材研发

东南亚是"一带一路"建设重要支点。"一带一路"建设亟须培养中文专业型人才，以往中文专业人才培养路径是：在打牢中文基础之后开始专业中文学习，这一般需要较长学习时间，甚至需要来中国高校学习深造，时间和经济成本过高。为此，专业人才培养模式需要向"国别精准化、企业精准化、专业精准化"过渡。③ 教学模式的转变需要教材的结构与内容进行相应的调整与更新。本节关于自编教材的统计数据也反映出，适用的行业中文教材短缺，自编需求较强。由此看来，行业中文教材研发迫在眉睫，此类教材应以充分的需求调研为基础，以"行业细分、素材真实、实用优先"为基本编写原则，以"高效、速成、强化"为特色，注重中文知识与交际能力、跨文化交际能力、专业中文能力的复合型中文能

---

① 引自孔子学院总部/国家汉办的《孔子学院年度发展报告（2012）》。
② 李泉：《国际汉语教学的语言文字标准问题》，《语言教学与研究》2015 年第 5 期。
③ 邢欣、宫媛：《"一带一路"倡议下的汉语国际化人才培养模式的转型与发展》，《世界汉语教学》2020 年第 1 期。

力培养。

除新加坡、马来西亚学习者英语水平较高以外，其他东南亚国家学习者都较依赖本国官方语言，为此，越南语、马来语、老挝语、柬埔寨语、菲律宾语版本的中文系列教材研发仍需加强。

（三）强化数字教学资源开发"两个意识"

前文提到，多所孔子学院尝试开展数字教学资源的开发与教学，在此过程中，资源开发主体应不断强化"两个意识"。一是多平台意识。如果教学资源能够支持多种平台运行，便能最广泛地满足使用需求。这就需要资源开发主体在研发之初，首先要确定自己的需求，包括受众定位、教学目标、教学内容、课程呈现、课程迭代等，其次要了解课程适合投放的平台，包括平台功能、技术架构、文件格式、对接渠道等。二是版权意识。教学内容中是否涉及教材内容、图片等第三方版权，课程制作人员是否共享版权，课程平台是否具有独家的专有播放权，等等。孔子学院在制作数字资源的同时也要保护好作品的权益。

（四）实现教材信息"精准推送"

教材选用应符合学习者的语言水平、认知水平和文化背景。目前出现的教材定位与实际使用不匹配的现象，一方面说明教材研发未能完全满足实际需求，当地孔子学院只能在有限的品种中进行选用；另一方面，现有教材对教学对象的描述过于"泛化"，这也是导致新手教师误选教材的原因。为此，笔者翻检了几套孔子学院主干教材，其中《跟我学汉语》前言中对教学对象的描述最为清晰："专为中学生编写的汉语教材，适用对象主要是以英语为母语的中学生或者年龄在15—18岁的青少年第二语言学习者。"这里对学生年龄、教育层次、母语背景均交代明确。但也有部分教材只将教学对象简单地描述为"初级汉语学习者"，编写者和出版者希望通过扩大读者范围增加销量，殊不知这种"含糊""宽泛"的描述为选用教材带来困难。为此，教材的编写和出版应进一步准确描述教材设计的教学对象和适用课程。孔子学院赠书网也应在网页中清晰体现这些字段，上传教材的前言、目录、样章，方便教材选用者清楚直观地看到教材的"真实面貌"。

（五）细分孔子学院教材供给层次

东南亚是中文教育体系最为完善的地区，涉及学前教育、基础教育、高等教育、职业教育、社会教育各阶段，其中小学阶段中低年级和高年级学生、中学阶段的初中生和高中生的认知特点、学习特点也不尽相同。我们目前的教材供给还不能真正满足各教育阶段高质量的中文教学，为此，应对教材供给进行摸底和梳理，按幼儿园、小学低年级、小学高年级、初中、高中、中职、高职、大学八个教育阶段，每个教学阶段配备2—3套符合该阶段学生认知特点和学习特点、不同风格的零起点中文教材，给现有教材准确定位，提供教学建议，对教材空白地带及时弥补，方便各阶段教材选用。

（六）赠书项目适当向中文教材"待发展"国家孔子学院倾斜

据统计，2018年孔子学院总部全球赠书量约为30万册，低于上述按东南亚学员数估算的40万册需求量。换句话说，孔子学院总部一年全部赠书还满足不了东南亚一个区域孔子学院每个学员人手一册教材的需求。为此，孔子学院赠书项目也应对孔子学院的教材需求"分类受理、区别对待"。对越南、柬埔寨、老挝、缅甸中文教材"待发展"国家①，应采取扶持策略，中方政府应加大中文教学支援力度，根据对方需求增加教材和相关图书配送，鼓励高校合作开展中文教材研发项目。对新加坡、马来西亚中文教材市场"成熟型"国家，以及泰国、印尼、菲律宾中文教材发展"探索型"国家，应采取市场策略，鼓励孔子学院开展商业化教学活动，将教材配备引入市场渠道。鼓励孔子学院翻译改编教材、自编教材"就地出版"，进入本土教材发行渠道。

---

① 梁宇：《东南亚中文教材发展评估的国别比较研究》，《民族教育研究》2017年第5期。

第六章　国际中文教学资源评价研究

评价是评价主体对评价客体进行价值判断的过程。在国际中文教学资源评价中，评价主体涉及管理者、研究者、教师、学习者、出版者等利益相关者，评价客体可以是一种或一类教学资源。主体与客体共同构成内容丰富、视角多元的评价实践与研究。

第一节　教师为评价者的国际中文教材评价

评价主体即评价者，以教师为评价主体的国际中文教材评价研究并不鲜见，由此看来，无论出于研究、编写还是选用教材的目的，教师都是教材评价的主要群体。然而即使这样，教师视角的教材评价成果仍不算丰硕，特别是近几年来新研究不多，这与国际中文教育迅速发展的形势和国际中文教材大量出版的现状并不相符，也形成了教材研究中一个明显缺口。本节基于以往国际中文教材评价研究成果，立足于当前国际中文教材发展现状，充分汲取国外第二语言教材评价研究的经验，通过调查和量化统计的方法，分析国内外中文教师对教材的认识和态度，以期为构建具有全新理念的教材评价量表提供实证依据。

一、文献综述

（一）国外第二语言教材评价量表研究的最新发展

Jayakaran Mukundan & Touran Ahour 回顾了 1970—2008 年公开发表的教材评价量表,其中 2001—2008 年的量表成果为数最多,共 19 个。① 总体来看,近十年国外第二语言教材评价量表研究具有以下三个特点:(1)提升了教材适配性评价的重要性。第二语言教材的性质决定了教材评价与教学环境之间具有紧密联系,因此无论是哪种类型的第二语言教材,与其所在环境的适配度都是评价教材的重要方面。许多相关研究将教材适配性置于首要位置。② (2)充分汲取了第二语言习得研究成果。Tomlinson 提出了 7 条促进语言习得的英语教材特征和 11 条阻碍语言发展的教材特征③;2010 年他又通过 6 条语言习得原则和 4 条语言教学原则,概括并解释了 30 条教材编写原则④,这些原则可以指导教材编写,也可以作为教材评价的量表。可见,第二语言教学原则和习得原则向新型第二语言教材编写注入了鲜活、充沛的能量,对第二语言教材评价具有启示和引领作用。(3)量表建构技术更加成熟,评价方法更加多元。在评价技术方面,Tomlinson 建议评价量表研制者应注意以下问题:评价量表是否基于一套连贯的语言学习原理;所有指标是否都是评价指标(而非分析指标);是否利于评价者得到有用的结论;指标体系是否系统;指标是否中立,可供不同理念的评价者使用;评价表是否足够灵活⑤。Jayakaran Mukundan & Touran Ahour 也建议研制者关注量表

① Mukundan, J. and Ahour, T. "A Review of Textbook Evaluation Checklist Across Four Decades (1970—2007)," *Research for Material Development in Language Learning*. Ed. Tomlinson, B. London: Continuum, 2010.

② Byrd, P and Celce-Murcia, M. "Textbooks: Evaluation for Selection and Analysis for Implementation," *Teaching English as a Second or Foreign Language*. Ed. Celce-Murcia, M. Stamford: Cengage Learning. 2001.

③ Tomlinson, B. *English Language Learning Materials: A Critical Review*. London: Continuum. 2008.

④ Tomlinson, B. "Principles of Effective Materials Development," Ed. Harwood, N. *English Language Teaching Materials: Theory and Practice*. Cambridge: Cambridge University Press. 2010.

⑤ Tomlinson, B. "Materials Evaluation," Ed. Tomlinson, B. *Developing Materials for Language Teaching*. London: Continuum. 2013.

"清晰、简洁、灵活"三个方面①。在评价方法方面,McDonough & Shaw②、Jayaka-ran Mukundan③ 等论述了多种评价方法。

(二)国际中文教材评价研究综述

通过"中国知网"搜索,统计出 1998—2014 年共刊发国际中文教材评价研究论文 29 篇,其中核心期刊论文 3 篇。从数量上看,在国际中文教材研究中,评价研究还十分薄弱。

现有的研究成果为国际中文教材评价研究奠定了基础,其突出贡献有:(1)开辟国际中文教材评价研究新领域。赵金铭是该领域的开创者和先行者,他建构了第一个对外汉语教材评估表④,该量表反映了研制者的教材观和教材评价观。董明、桂弘⑤、赵新、李英⑥、李泉⑦也分别论述了教材评估的必要性及好教材的标准。(2)引介国外第二语言教材评价内容和方法。黄金城介绍了加拿大中文教材评估表和程序⑧,赵金铭介绍了 Hutchinson & Waters 的教材评估设计方法⑨。(3)评价角度比较多样。林敏以学习者为评估者的视角提出了对外汉语教材评估模式⑩;徐弘、冯睿提出了北美地区汉语教材选用标准⑪。

尽管我们在该领域开展了一些探索性研究,但仍有不足之处:(1)评价实践居多,理论和方法研究薄弱,评价实践的研究范式雷同,评价工具也比较单一。

---

① Mukundan,J. and Ahour,T. "A Review of Textbook Evaluation Checklist Across Four Decades (1970—2007)," *Research for Material Development in Language Learning*. Ed. Tomlinson,B. London:Continuum,2010.

② McDonough,J. and Shaw,C. *Materials and Methods in ELT:A Teacher's Guide*(*2nd edn*). Oxford:Black-well. 2003.

③ Mukundan,J. "Evaluation of English Textbooks:Some Important Issues for Consideration," *Journal of NELTA*. 2017,12(1).

④ 赵金铭:《论对外汉语教材评估》,《语言教学与研究》1998 年第 3 期。

⑤ 董明、桂弘:《谈谈好教材的标准》,《语言文字应用》2005 年第 4 期。

⑥ 赵新、李英:《中级精读教材的分析与评估》,《语言文字应用》2006 年第 2 期。

⑦ 李泉:《对外汉语教材通论》,商务印书馆,2012,第 266 – 280 页。

⑧ 黄金城:《加拿大阿尔伯塔省中小学汉语教材的评审和选用》,《国际汉语教育》2011 年第 1 期。

⑨ 赵金铭:《论对外汉语教材评估》,《语言教学与研究》1998 年第 3 期。

⑩ 林敏:《以学习者为评估者的对外汉语教材评估模式研究》,硕士学位论文,华东师范大学,2006.

⑪ 徐弘、冯睿:《北美汉语教材的使用——教师和学生选择教材的标准》,《第八届国际汉语教学讨论会论文选》,高等教育出版社,2005,第 709 – 727 页。

（2）评价对象偏窄，宏观研究较少，以某套教材或某学校使用的教材为评价对象的微观研究居多。（3）海外中文教材评价研究的数量少于国内对外汉语教材评价研究。（4）以实证的量化研究为主要研究方法，实证研究与理论研究结合不足，质化研究仍为空白，亟待填补。

二、研究设计

针对当前国际中文教材评价研究中存在的问题，本节力图以通用型综合类教材为评价对象，融入海外中文教师对（国内外）教材的看法和态度，通过理论探讨和实证研究方法验证，研制一套新型教材观指导下的评价量表。

（一）研究步骤及研究工具

本节对 Patricia Byrd & Marianne Celce-Murcia①、Rani Rubdy②、David R. A. Litz③、美国《21 世纪外语学习标准》教材评价量表、加拿大阿尔伯塔省中小学中文教材评价量表、赵金铭对外汉语教材评估表、徐弘和冯睿的北美中文教材评估表（部分）七份教材评价量表的指标项进行了收集整理、查重归纳，形成了一个 97 项具体指标的表格。随后进行了焦点团体访谈，对这 97 项具体指标进行合并、拆分、删减、增添、修改、完善，确定"国际中文教材评价教师调查表（含 80 项具体指标）"。该表共三部分，第一部分是被试者的基本情况，共 12 个问题；第二部分以 16 个模块的 80 项封闭式问题组成（可视为 16 个一级指标、80 个二级指标），答案采用 5 度量表的形式，要求被试者根据自己对教材的认识和看法，按各项内容的重要程度，在"完全不重要""不重要""不确定""重要""非常重要"选项中打分，分值依次为 0、1、2、3、4 分。第三部分有 3 道开放式问题，让被试者对第二部分的作答进行补充或进一步阐述。为保证调查表的信度和效度，在正式

---

① Byrd，P and Celce-Murcia，M. "Textbooks: Evaluation for Selection and Analysis for Implementation," *Teaching English as a Second or Foreign Language*. Ed. Celce-Murcia，M. Stamford: Cengage Learning. 2001.

② Rubdy，R. "Selection of Materials," Ed. Tomlinson，B. *Developing Materials for Language Teaching*. London: Continuum. 2003.

③ Litz，D. R. A. "Textbook Evaluation and ELT Management: A South Korean Case Study," *Asian EFL Journal*. 2005.

发放问卷前,在部分教师中征求意见并进行了前测,最终形成问卷。

(二)研究问题

1. 调查被试者对一级评价指标项的态度,确定评价量表的维度。

2. 调查被试者在二级评价指标项上的重要性排序,以此作为判断和筛选教材评价量表的依据。

(三)研究对象

研究对象为国际中文教师。发放问卷共 87 份,回收问卷 87 份,有效问卷 84 份,其中国内教师 46 份,国外教师 38 份;本次调查范围具有一定的广泛性,国内教师分别来自国内 33 所不同院校,国外教师来自美国、加拿大、意大利、印度尼西亚等 9 个国家,基本可以反映中文教师对教材的总体态度。

三、数据分析

采用 SPSS15.0 对数据进行分析和处理。首先通过内部一致性检验,Cronbach alpha 数值为 0.978,80 项问题之间起伏不大,内在一致性较好,统计数据的信度较大。

(一)评价量表的维度检验

通过主成分分析法,对 16 个一级指标进行了探索性因子分析。KMO 值等于 0.924,Bartlett 球形度检验近似卡方分布为 982.662,自由度为 120,显著性概率值 p = 0.000〈0.05,达到显著水平,表示数据适合进行因子分析。通过旋转后的成分矩阵表和碎石图中提取因子数目,结果显示,三个因子具有显著差异。"教材与教学情境、教材与教学大纲、教材与教师、教材与学习者、教学法和整体结构"属于一个因子;"主题与内容、语言材料、语言知识与技能、活动、文化、情感、策略"属于一个因子;"版面安排、配套资源、实际考虑"属于另一个因子。这一结果基本符合从宏观到微观,从内部到外部的教材评价维度设计。

16 项一级指标中,平均值最高的为 3.2946(整体结构),最低为 2.9742(教材与教师),相对总分值 4 而言,平均值偏中上,说明被试者都比较认可问卷中一级指标,一级指标平均值由高到低依次为:整体结构、教材与教学大纲、活动、情感、语言材料、语言知识与技能、文化、资源配套、主题与内容、版面设计、教学法、实际考虑、教材与学习者、教材与教学情境、策略、教材与教师。

（二）具体评价指标的筛选

将 80 项二级指标按照平均值由高到低排序，表 1 为排在前 20 位的指标，这些指标集中在教学大纲（Q5、Q6、Q7）、语言材料（Q32、Q33、Q34）、语言知识与技能（Q39、Q40、Q41）、活动（Q48、Q51、Q54、Q56）和与学习者相关的指标（Q15、Q16、Q65）五方面。教师特别重视教材语言的规范性（Q34）和真实性（Q32），以及教材内容的难易梯度编排（Q29）和教材与教学目标的符合度（Q6）。二级指标前 20 项的情况与一级指标平均分排列情况大体一致，"教学大纲、语言材料、知识和技能、活动"这几部分基本构成了教材的主体内容。可以看出，教师对这些常规性评价指标的态度基本一致，比较侧重传统的教材使用和编写的视角。一级指标排名中"学习者"比较靠后，而二级指标前 20 位中有 3 项与"学习者"相关，这说明"学习者"模块的 6 项指标中，另外 3 项的得分比较低。

表 6-1　二级评价指标平均分前 20 位

序号	题号	指标	平均值	标准差
1	Q34	教材语言规范。	3.5301	0.65028
2	Q29	主题和内容的编排由易到难，循序渐进，符合教学规律。	3.5238	0.75212
3	Q6	教材符合教学目标，并能够清晰地呈现。	3.5119	0.66756
4	Q32	教材语言真实、地道、自然。	3.4524	0.62873
5	Q41	教材采取螺旋上升的方式对语言知识进行了合理复现。	3.4286	0.6817
6	Q15	教材适合学习者的年龄、认知水平、心理水平。	3.4048	0.73006
7	Q48	教材提供了综合运用语言技能的活动。	3.4048	0.67875
8	Q24	教材级别设置合理，级别之间衔接顺畅。	3.3929	0.79179
9	Q65	教材利于提高并维持学习者的学习动机。	3.3929	0.76075
10	Q16	教材适合学习者的中文水平。	3.3571	0.72216

续表

序号	题号	指标	平均值	标准差
11	Q33	教材语言生动、有趣。	3.3571	0.72216
12	Q40	教材对语言知识的编排合理有效。	3.3571	0.63327
13	Q7	教材参考教学大纲确定教学内容且分布合理。	3.3452	0.70273
14	Q39	教材提供了主要的语言知识,每课新知识的输入量适中。	3.3452	0.68537
15	Q51	活动提供了尽可能多的机会,使学习者使用中文进行交流。	3.3452	0.76826
16	Q56	活动指令清晰、简洁且易于理解。	3.3333	0.71698
17	Q5	教材符合教学大纲的宗旨。	3.3214	0.76301
18	Q23	教材的整体设计体现了教学思路和教学流程。	3.3214	0.71407
19	Q54	活动利于激活学习者原有知识和经验。	3.3095	0.7277
20	Q58	教材提供了得体、实用的交际文化。	3.3095	0.7277

表 6 - 2 列出教师调查中得分最低的 10 个指标,从中可以看到,教师对"教材与教师"(Q10 和 Q11 得分最低)"教材与学习者"(Q17、Q19、Q20)中的部分指标项普遍不认可。

表 6 - 2　二级评价指标平均分后 10 位

序号	题号	指标	平均值	标准差
1	Q70	教材利于调动学习者的多元智能(如视觉、音乐、运动等)。	2.9405	0.86917
2	Q31	教材没有引发使用者反感的内容。	2.9286	0.87517
3	Q22	教材涉及了多种语言教学方法和技巧。	2.9167	0.82445
4	Q71	教材利于学习者运用分析、综合、比较、归纳、评价等高级思维能力。	2.9048	0.88657
5	Q20	教材为学习者提供了差异化的学习内容。	2.881	0.81262
6	Q4	教材适合该地区或学校的教学设施及条件。	2.8571	0.97119
7	Q36	教材涉及了汉语和学习者母语之间的语言比较。	2.7381	0.82314
8	Q19	教材适合学习者的学习风格。	2.6429	0.93966

序号	题号	指标	平均值	标准差
9	Q10	教材易于适应教师不同的教学风格和个性。	2.6071	0.95713
10	Q11	教材利于提升教师的自信心。	2.5714	1.06743

问卷中的开放性问题"对于不重要的指标,请您简要阐明理由"解释了表6-2中部分指标项不被认可的原因。

关于 Q10 和 Q11 两个关于教师的指标,教师普遍认为,教师具有主观能动性,应该提高教师职业能力。好教师可以驾驭任何一种教材,而不是用教材去"适应"教师,去"改变、塑造、成就"教师。

关于 Q19 和 Q20 两个关于学习者的指标,教师认为,它们要求教材具有开放性和灵活性,适应学习者个性化、差异化学习,这与 Q14"教材具有灵活性,便于教师灵活处理"有重合的地方,而 Q14 显然更受教师认可。

Q4 属于比较微观、具体的指标,与其他教学情境因素相比,教学设施是教师最容易控制的因素,因此重要性不强;Q36 与 Q19 类似,更适合适用范围较小、针对性较强的教材评价。关于 Q22,一位老师的意见很有启发性:"(教材涉及的)方法与技巧不在多,而在于是否适合教学对象,是否科学有效。"关于 Q70 和 Q71,有的老师反映"语言教学不要赋予太多其他'使命'"。以上观点有利于解释调查结果和进一步修改评价表。

四、确定国际中文教材评价量表

(一)量表的维度设计和具体内容

前文通过探索性因子分析将 16 个一级指标提取出三个因子,在此基础上进一步分析,我们发现因子内部仍有分类空间。"教材与教学情境、教学大纲和使用者(教师和学习者)"之间的适配关系是教材编写和选用最为宏观的层面。只有了解了教学情境的基本状况、教学大纲的基本内容和使用者的基本特征和需求,才能编好教材、用好教材。在适配性调查的前提下,才能找到相应的教学理论和具体的教学方法,才能规划教材的整体结构,如级别、体例等,因此教学法理论和整体结构具有"承上启下"的中枢作用,可统称为"整体设计",属于教材的中观层面。主题、语言材料等属于教材具体的、微观的层面,可统称为"教学内容"。

中文作为第二语言学习者动机研究①逐步证实,教材在激发、强化学生的学习兴趣,引导他们将学习兴趣转化为稳定的学习动机方面具有重要作用。同时,教材也是学生了解并掌握有效的语言学习方法、语言使用策略的重要载体。因此本节将"情感、策略"纳入教材评价体系,考查教材在这两方面的价值体现,这符合第二语言学习规律和教学发展主流思想。然而对"情感、策略"的考查并不像其他教学内容一样一目了然,二者可区分为教材的"隐性内容"和"显性内容","显性内容"即我们熟知的主题、语言、知识、技能、活动和文化。将"情感与策略"作为隐性教学内容单列为一个评价维度,既可以区分于显性的教学内容又突出教材对情感策略的作用。

本节最终确定了"教材适配性、整体设计、教学内容、情感与策略、教材形式"5个维度和55项具体指标构成的国际中文教材评价量表。

---

① 丁安琪、吴思娜:《汉语作为第二语言学习者实证研究》,世界图书出版公司,2011,第12－26页。

表 6 - 2　国际中文教材·教师评价量表

序号	指标	分值				
		非常差	不太好	一般	好	非常好
		0	1	2	3	4
一、教材适配性						
	（一）教材与教学情境					
1	教材适合该地区或学校的教育文化特点,例如竞争型教育文化或参与型教育文化					
2	教材适合该地区或学校的外语教学理念、教学方法以及教学手段					
	（二）教材与教学大纲					
3	教材符合某种语言教学大纲（或课程标准）的宗旨					
4	教材符合教学目标,并能够清晰地呈现					
5	教材参考教学大纲确定教学内容且分布合理					
	（三）教材与教师					
6	教材利于教师综合地使用多种语言教学方法和技巧					
7	教材利于教师对教学效果进行评估					
8	教材具有灵活性,便于教师灵活处理					
	（四）教材与学习者					
9	教材适合学习者的年龄、认知水平、心理水平					
10	教材适合学习者的中文水平					
11	教材适合学习者的文化背景					
12	教材适合学习者的学习需求、学习动机					
二、整体设计						
	（一）教学法理论					
13	教材合理吸收了相关教学理论的研究成果					
14	教材的整体设计体现了教学思路和教学流程					
	（二）整体结构					

续表

序号	指标	分值				
		非常差	不太好	一般	好	非常好
		0	1	2	3	4
15	教材级别设置合理,级别之间衔接顺畅					
16	教材对自身的描述准确、合理,并与正文内容一致					
17	教材的整体框架结构(包括语言知识、语言技能、文化、策略等)合理,联系紧密					
18	教材各课内部各部分之间安排合理,联系紧密					
三、教学内容						
(一)主题与内容						
19	主题和内容国际化,具有全球意识					
20	主题和内容的编排由易到难,循序渐进,符合教学规律					
21	教材内容可以丰富学习者的个人知识和经验,能够培养学习者积极向上的性格					
(二)语言材料						
22	教材语言真实、地道、自然					
23	教材语言生动、有趣					
24	教材语言规范					
25	教材语言风格多样,体裁多样					
(三)语言知识与技能						
26	教材对语言知识与技能的结合处理得当					
27	各项技能训练比重合理					
28	教材提供了主要的语言知识,每课新知识的输入量适中					
29	教材对语言知识的编排合理有效					
30	教材采取螺旋上升的方式对语言知识进行了合理复现					
31	教材利于学习者发现语言规则,而不是简单呈现规则及其解释					

续表

序号	指标	分值				
		非常差	不太好	一般	好	非常好
		0	1	2	3	4
32	教材提供了必要的语言知识注释和范例,且简明易懂					
33	教材对语音教学的安排合理恰当(如果评价中高级教材,可忽略此项)					
34	教材对汉字教学的安排合理恰当(如果评价中高级教材,可忽略此项)					
	(四)活动(包括练习、任务、游戏等)					
35	活动量充足,覆盖主要教学内容					
36	教材提供了综合运用语言技能的活动					
37	活动为学习者提供了尽可能多的使用中文进行交流的机会					
38	教材提供了控制性活动、过渡性活动和交际性活动					
39	教材提供了个人、结对、小组等多种活动形式					
40	活动具有趣味性					
41	活动利于激活学习者原有知识和经验					
42	活动与活动之间层次清晰、具有内在联系					
43	活动指令清晰、简洁且易于理解					
	(五)文化					
44	教材提供了广泛、真实、准确的文化知识					
45	教材提供了得体、实用的交际文化					
46	教材体现了多元文化观,文化描述客观、中立、包容					
47	文化内容的编排合理适度					
48	文化内容的融入方式自然恰当					
49	教材以适当的方式处理文化比较中的相似与差异					
	四、情感与策略					
50	教材利于提高并维持学习者的学习动机					
51	教材利于发展学习者积极的学习态度					

续表

序号	指标	分值				
		非常差	不太好	一般	好	非常好
		0	1	2	3	4
52	教材提供了主要的学习策略,并注重培养学习者使用学习策略					
53	教材提供了积极的交际策略和技巧					
五、教材形式						
54	版式设计清晰,方便使用					
55	教材配有必要的辅助材料,如练习册、教师用书、测试等					
总分:						

注:全表满分 220 分,使用者可以根据实际情况对教材评价结果进行分档。

建议:得分≥165 分,为优秀教材;165 分 > 得分≥110 分,为合格教材;得分〈110 分,为不合格教材。

(二)量表的特点

1.将教材适配性评价置于首要地位

教材适配性,是指教材与一定教育环境之间的适应力和匹配度。教材与环境的适配性越高,越适合在该环境下使用,反之终将被替代和淘汰。与针对性相比,适配性的内涵更丰富,双向感、互动性更强,从生物学中借用的这个术语,更加注重主体需要,坚持需求至上的原则,更加强调教材与环境及环境中教学使用和使用者的互动关系。与本土化相比,"适配性"所涵盖的范围更加广泛,本土教材、国别教材讲求教材与环境的高度适配,但适配性不是这类教材的专有特性,通用教材、目的语环境中的留学生教材也需要注重适配问题。它实际上是教材"本土化"或"国别化"的上位概念。

量表对教材适配性评价进行了整体设计,其体现的内涵层次更加清晰。教材适配性可分解为 4 个部分:教材与教学情境的适配性、教材与教学大纲的适配性、教材与教师的适配性、教材与学习者的适配性。它体现了教材外部评价的 3 个层次:教学情境分析、教学大纲分析和使用者需求分析。教材外部评价,就是要评价教材适应一定教学情境、符合一定教学大纲、满足教师教学和学习者学习需要的程度。无论是分析、评价教材，还是编写教材，都要考虑这 3 个层次上的问题。适配性评价量表对教材外部评价进行了完整、系统地设计，对编写教材、选用教材具有实际的指导作用。

2. 将教材情感性评价进一步细化

情感态度的评价指标属于软指标，不直观，难以量化，经常被忽略。赵金铭建构的对外汉语教材评估表中提到："注意学习者的情感因素对学习的影响。"①这说明我们已经认识到好教材对激发学习者积极情感态度的作用。鉴于评价对教材编写的导向性作用，进一步细化教材情感性评价，加大指标比重，成为该量表的另一大特色。

量表对教材情感性的评价分为以下 4 个层次：(1)教材整体对学习者情感态度的作用，其中包括提高并维持学习动机、增强自信心、吸引注意力、发展积极的学习态度；(2)教材提供的策略对学习者情感的作用，其中包括主要的学习策略和积极的交际策略；(3)教材趣味性对学习者情感的作用，其中包括语言和活动趣味性，前者关注语言输入环节中语言材料的趣味性，后者强调语言输出活动的趣味性，两者相得益彰，前后呼应；(4)教材形式对学习者情感的辅助作用，其中包括版式设计、插图、字体、拼音等的功能性和吸引力。

(三)用"真实"和"活动"搭建教材实践性评价

语言是一种实践性技能，语言教材能否为学习者提供足够的语言实践机会是评估教材作用和效果的重要方面。量表对教材实践性的评价分为两个层次：对教材真实性的评价和对教材活动性的评价。

第二语言教材中，真实性是实践性的基础。H. G. Widdonson 强调："在外语学习中，真实语料是唯一有可能提供真实交际的途径。"②中文学习是为学习者在真实世界中使用中文做准备，如果中文教学内容脱离现实，就更谈不上在真实世

---

① 赵金铭：《论对外汉语教材评估》，《语言教学与研究》1998 年第 3 期。
② 陈琳：《真实材料兴趣自读在外语学习中的作用》，《外语界》1996 年第 3 期。

界中进行交际了,因此提供真实、多样的语言材料和文化信息,建立真实的语境是中文学习的基础。为此,量表在"语言材料"和"文化"模块设计了检验教材真实性的具体指标。

活动是教材实现实践性的"钥匙"。量表将活动作为一个独立模块进行评价,以突出"活动为主线"的现代外语教材理念。中文教学的目的是让学习者学会使用中文,教材的主要功能是提供"交际的刺激物",活动在教材中的位置显得越发重要。量表并没有摒弃传统练习的作用,而是给予它适当的角色,它是通往交际的基础。量表中"活动"概念的外延很广,既包括传统的练习,也包括任务、项目、游戏等。量表要对活动进行全面且有层次的评价,使它既是整个量表体系的一个重要组成部分,又可以独立作为一个小体系,专门评价教材的活动设计。

(四)教材科学性检验是评价的坚实基础

量表对教材科学性的所指范围及其内涵进行了基本设定。科学性主要体现在结构和内容两个大方面。(见图6-1)其中结构包括套系结构、内容结构和体例结构,套系结构指一套教材纵向级别和横向配套的整体规划;内容结构是指相关知识和技能的布局;体例结构是指每课内部各个模块的组织设计。教材结构的科学性主要体现在"合理",意思是:从级别设置、内容分布、体例编排方面不拘泥于某种定式,只要符合教学需要,合乎一定道理,就达到了科学性要求。

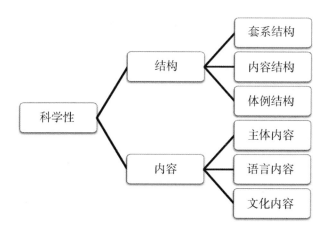

图6-1　教材科学性的体现范围

内容包括主题内容、语言内容和文化内容三部分,其内涵可以阐释为两方面:一是注重语言和文化内容的规范、准确,要求教材提供量表语言、确切无误的文化信息;二是兼顾了主题、知识、文化编排的系统性和合理性,其深层机理在于以上方面是否符合一般的语言教学规律,例如主题由易到难、由近及远、循序渐进、螺旋上升的编排规律;语言知识系统全面、恰当适量、合理复现,其意并不提倡忽略复现或者不必要的高复现;文化与语言的关系是否处理恰当,文化内容的编排是否合理适度,是否锦上添花,而不是喧宾夺主。

第二节　学习者为评价者的国际中文教材评价

以往的教材评价研究多以教材研究者、教学工作者的视角为主。学习者对教材的认识和态度往往被忽略或者通过教师间接获知,以学习者为教材评价者的研究也十分有限,专门为学习者设计的教材评价量表并不多见,目前相关研究有林敏提出并建立的以学习者为评估者的对外汉语教材评估模式和相应的评估量表①,以及刘弘、包俦益对日本福冈大学学生对于汉语教材编写形式的偏好研究②等,可见从学习者角度的教材评价研究还有待进一步拓展。鉴于此,本节通过对学习者的问卷调查与分析,了解学习者对教材的真实看法;通过对比教师与学习者的调查结果,剖析两类人群教材观念的异同,最终确立学习者为评价者的教材评价量表,并从中获得一些有价值的结论。

一、研究设计

（一）研究工具

利用本章第一节教师调查结果构拟问卷,并根据被试者的语言特点改写了

---

① 林敏:《以学习者为评估者的对外汉语教材评估模式研究》,硕士学位论文,华东师范大学,2006。
② 刘弘、包俦益:《日本学生对于汉语教材编写形式的偏好研究——以福冈大学为例》,《国汉语教育》2012 年第 1 期。

问卷部分问题,从而拟定了"国际中文教材评价学习者调查表(含55项具体指标)"。该表共三部分,第一部分是被试者的基本情况;第二部分以12个模块的55项封闭式问题组成(可视为12个一级指标、55个二级指标),答案采用5度量表的形式;第三部分有1道开放式问题,让被试者对第二部分的作答进行补充或进一步阐述。为保证调查表的信度和效度,在正式发放问卷前,在部分学习者中征求意见并进行了前测,最终形成问卷。

(二)研究问题

1.调查被试者对一级评价指标项的态度,确定评价量表的维度。

2.调查被试者在二级评价指标项上的重要性排序,以此作为判断和筛选教材评价量表的依据。

3.调查学习者组和教师组对教材的认识和态度是否存在差异? 有何差异? 论证为不同群体编制教材评价量表的必要性和可行性。

(三)研究对象

调查对象为某大学在校外国硕士和博士研究生,他们都是汉语教材的使用者。本研究发放问卷48份,回收问卷48份,有效问卷48份。

二、数据分析

采用SPSS15.0对数据进行分析和处理。首先,我们对学习者问卷进行了内部一致性检验,Cronbach alpha数值为0.953,55项问题之间起伏不大,内在一致性较好,统计数据的信度较大。

(一)评价量表维度检验

通过主成分分析法,对12个一级指标进行了探索性因子分析。KMO值等于0.849,Bartlett球形度检验近似卡方分布为377.595,自由度为66,显著性概率值$p = 0.000 < 0.05$,达到显著水平,表示数据适合进行因子分析。通过旋转后的成分矩阵表和碎石图中提取因子数目,结果显示,三个因子具有显著差异。"适配性、整体结构"属于一个因子,侧重教材宏观设计;"语言材料、语言知识与技能、文化、活动、主题与内容"属于一个因子,侧重教材内容;"情感、策略、版式设计、

配套资源、实际考虑"属于另一个因子,侧重教材形式。提取因子可以为在一级指标之上确定维度提供了参考。

(二)一级评价指标检验

从表6-4显示结果来看,一级指标的平均值最高为3.1806(主题与内容),最低为2.8839(活动),相对于总分值4而言,平均值偏中上,说明被试者都比较认可问卷中的评价指标。各项一级指标平均值排序由高到低依次为:主题与内容、实际考虑、配套资源、文化、语言材料、整体结构、语言知识与技能、情感、策略、适配性、版式设计和活动。这说明学习者更关心教材主题是否感兴趣、与切身利益相关的价格和资源配套等问题。

表6-4 一级指标的平均值和标准差

序号	一级指标	平均值	标准差
1	适配性	2.9792	0.49046
2	整体结构	3.0625	0.55290
3	主题与内容	3.1806	0.57922
4	语言材料	3.0917	0.52989
5	语言知识与技能	3.0370	0.49443
6	活动	2.8839	0.63728
7	文化	3.1094	0.70505
8	情感	3.0347	0.79668
9	策略	2.9948	0.66543
10	版式设计	2.9635	0.74909
11	配套资源	3.1111	0.74165
12	实际考虑	3.1250	0.91384

(三)二级评价指标的筛选

根据平均值将55项指标排序,表6-4中列出排在前20位的指标,这些指标集中在语言知识与技能(Q19、Q20、Q21、Q25)、文化(Q6、Q35、Q36、Q38)、语言材料(Q14、Q15、Q16)三方面。学习者特别重视教材的难易梯度(Q12),对教材语言的趣味性(Q15)和规范性(Q16)也特别重视。

从表6-4还可以看出,学习者十分重视教材的易学性,这一点从 Q12、Q21、Q10、Q12、Q6、Q39、Q25、Q9 中都得到了体现;学习者还特别重视教材内容的实用性,例如 Q19、Q14、Q35、Q36、Q43。

表 6-5　二级指标平均分前 20 位

序号	题号	二级指标	平均值	标准差
1	Q12	主题和内容从易到难,循序渐进,符合学习规律	3.3542	0.66811
2	Q15	教材语言生动、有趣	3.3542	0.66811
3	Q16	教材语言规范	3.3542	0.63546
4	Q21	教材每课新知识的数量适中	3.2917	0.65097
5	Q19	教材既包括语言知识(语音、词汇、语法、汉字)的学习,又包括语言技能(听、说、读、写)的实际运用	3.2500	0.78551
6	Q14	教材语言真实、地道、自然	3.2083	0.79783
7	Q10	教材各课内部结构很清楚,易于学习	3.1875	0.76231
8	Q38	文化内容与所学的语言内容是有联系的	3.1489	0.7796
9	Q35	教材提供了广泛、真实、准确的文化知识	3.1458	0.77156
10	Q36	教材提供了实用的交际文化,能让我在和中国人的交流中更加得体、恰当	3.1458	0.98908
11	Q52	配套材料与教材之间是有联系的	3.1458	0.89893
12	Q6	在文化方面,教材中没有令我反感的内容	3.1250	0.76144
13	Q20	听、说、读、写四项语言技能训练比重合理	3.1250	0.76144
14	Q39	教材让我更加喜欢学习中文	3.1250	0.91384
15	Q51	教材配有多媒体材料,如视频、多媒体学习课件、配套网站等	3.1250	0.86603
16	Q53	教材价格合理	3.1250	0.91384
17	Q13	教材内容积极向上	3.1042	0.69158

续表

序号	题号	二级指标	平均值	标准差
18	Q25	注释等内容的翻译准确,我可以看明白	3.1042	0.75059
19	Q43	教材教给我用中文进行交际的策略和技巧	3.1042	0.8565
20	Q9	教材各册、各级别之间衔接顺畅,难度上升合理	3.0833	0.64687

　　表6-6列出排在后10位的指标,从中可以看出,学习者对教材内部深层的教学设计并不关注,在学习教材的过程中,他们一般只能感受到教材传递出的比较表层、比较直接的信息,他们更注重"好不好学、学完有没有用"这些实际利益和学习效果,并不熟悉也不关心教材是如何设计出来的,教材背后的教学理论是什么,教材设定的教学目标是什么,教材重视什么内容等,Q32、Q23、Q44、Q27、Q26、Q33、Q18这些与教学理论、教材编写理念相关的指标,在学习者看来都是不重要的。

表6-6　二级指标平均分后10位

序号	题号	二级指标	平均值	标准差
1	Q8	教材能够清楚地告诉我,学完后我的中文水平能达到什么程度	2.9167	0.87113
2	Q32	活动为我提供了很多使用中文进行交流的机会	2.9167	0.84635
3	Q46	版式设计清晰,便于学习	2.9167	0.89522
4	Q23	教材有助于我发现语法规则,而不是简单呈现规则及其用法	2.8958	0.80529
5	Q44	教材有助于调动我的多元智能(如视觉、音乐、运动等)	2.8542	0.92229
6	Q27	教材重视汉字教学	2.85027	0.85027
7	Q26	教材重视语音教学	2.8125	0.78973
8	Q28	活动的数量合适,不是太多或太少	2.7708	0.77842
9	Q33	活动与活动之间是有联系的	2.6667	1.05857
10	Q18	教材涉及了中文和我的母语之间的语言比较	2.5000	1.11087

（四）确定评价指标

通过对55项二级指标得分求和进行高低排序,并把得分最高的约1/3指标看作高分组,把得分最低的约1/3指标视为低分组,然后用独立样本T检验的分析方法比较高分组和低分组的差异,Levine检验的显著性概率(Sig.)为0.676,大于0.05,两组的方差是相等的,双尾T检验的显著性概率Sig.(2 - tailed)为100%,即0.000,95%置信区间不含0,表明两组在变量上有显著性差异。最后通过筛除低分组,最终形成"国际中文教材学习者选用评价量表",共35项评价指标。

表6 - 7　国际中文教材·学习者评价量表

序号	指标	分值				
		非常差	不太好	一般	好	非常好
		0	1	2	3	4
一、教材适配性						
1	教材符合我的年龄和心理水平					
2	教材符合我的中文水平,难易适中					
3	教材符合我的学习风格(学习习惯)					
4	教材里有我需要的学习内容					
二、整体设计						
5	教材各册、各级别之间衔接顺畅,难度上升合理					
6	教材各课内部结构很清楚,易于学习					
三、教学内容						
（一）主题和内容						
7	大部分的主题和内容我都很喜欢					
8	主题和内容从易到难,循序渐进,符合学习规律					
9	教材内容很实用					

续表

序号	指标	分值				
		非常差	不太好	一般	好	非常好
		0	1	2	3	4
	(二)语言材料					
10	教材语言真实、地道、自然					
11	教材语言生动、有趣					
12	教材语言规范					
13	教材语言风格多样,体裁多样					
	(三)语言知识与技能					
14	教材既包括语言知识(语音、词汇、语法、汉字)的学习,又包括语言技能(听、说、读、写)的实际运用					
15	教材每课新知识的数量适中					
16	语言知识(生词、语法等)在教材中反复出现,易于我记忆					
17	教材提供了注释和范例,可以帮助我理解					
18	注释等内容的翻译准确,我可以看明白					
	(四)活动(包括练习、任务、游戏等)					
19	活动与我所学的内容相关					
20	活动形式多种多样					
21	活动具有趣味性					
	(五)文化					
22	在文化方面,教材中没有令我反感的内容					
23	教材提供了广泛、真实、准确的文化知识					
24	教材提供了实用的交际文化,能让我在和中国人的交流中更加得体、恰当					
25	文化内容与所学的语言内容是有联系的					

续表

序号	指标	分值				
		非常差	不太好	一般	好	非常好
		0	1	2	3	4
四、情感与策略						
26	学习这本教材,让我更加喜欢学习中文					
27	学习这本教材,让我更积极地参与到学习活动中来					
28	学习这本教材,让我感到有收获					
29	教材教给我学习中文的方法					
30	教材教给我用中文进行交际的策略和技巧					
五、教材形式						
31	拼音有助于我的学习					
32	教材配有必要的辅助材料,如练习册、汉字本等					
33	教材配有多媒体材料,如视频、多媒体学习课件、配套网站等					
34	配套材料与教材之间是有联系的					
35	教材价格合理					
总分:						

注:全表共35项,满分140分,使用者可以根据实际情况对教材评价结果进行分档。

建议:得分≥105分,为适用教材;105分>得分≥70分,为合格教材,需要您在使用中根据学习者的需求进行一定的调整和改编;得分<70分,为不适用教材,建议您换用教材,或进行较大改编。

前文通过探索性因子分析提取了教材宏观设计、内容和形式三个主要因子。进一步分析,"宏观设计"中,"教材适配性"是针对教材外部环境和使用者的,"整体设计"是针对教材内部自身的,两者可区分为两个维度。第三个因子"形式"中,"情感与策略"侧重教材对学习者的心理感受,"教材形式"侧重教材形式设计,两者也可区分为两个维度,最终构成"教材适配性、整体设计、教学内容、情感与策略、教材形式"五个维度,其中教学内容包括"主题与内容、语言材料、语言知识与技能、活动、文化"五个模块。

（五）"学习者组"和"教师组"组别差异检验

教师问卷和学习者问卷设有 12 项相同的一级指标，教师问卷另有 4 项一级指标不包含在学习者问卷中，分别是教材与教学情境、教材与教学大纲、教材与教师、教学法，这四项一级指标以及下设的二级指标不在组别差异检验范围内。首先按一级指标平均值高低排序，观察两组总体认识上的异同。表 6 - 8 中可见，两组相同点为：第一，均看重"整体结构、语言材料、文化"；第二，均不看重"版式设计、适配性"。两组差异点为：第一，教师组侧重"活动、情感、知识与技能"；第二，学习者组侧重"主题与内容、实际考虑、配套资源"。

表 6 - 8 教师组和学习者组一级指标对比表

序号	教师组			学习者组		
	一级指标	平均值	标准差	一级指标	平均值	标准差
1	整体结构	3.2946	0.61011	主题与内容	3.1806	0.57922
2	活动	3.2607	0.60041	实际考虑	3.1250	0.91384
3	情感	3.2262	0.68427	配套资源	3.1111	0.74165
4	语言材料	3.2101	0.51195	文化	3.1094	0.70505
5	语言知识与技能	3.2095	0.56773	语言材料	3.0917	0.52989
6	文化	3.1766	0.57231	整体结构	3.0625	0.55290
7	资源配套	3.1706	0.77355	语言知识与技能	3.0370	0.49443
8	主题与内容	3.1429	0.65662	情感	3.0347	0.79668
9	版式设计	3.1399	0.62377	策略	2.9948	0.66543
10	实际考虑	3.0714	0.72454	适配性（教材与学习者）	2.9792	0.49046
11	教材与学习者	3.0635	0.62463	版式设计	2.9635	0.74909
12	策略	3.0387	0.67940	活动	2.8839	0.63728

表 6 - 9 列出两组二级指标前 10 位排序，可以进一步考查两组异同，两组共同看重"教材语言规范""教材语言真实、地道、自然""教材语言生动、有趣"和"主题和内容的编排由易到难，循序渐进，符合教学规律"。在这 4 方面，两组看

法基本一致,分歧在于:第一,关于语言知识,学习者组强调"知识全面、新知识量适中"(q19、q21),而教师组注重"知识编排、复现的方式"(Q41);第二,关于教材整体结构,学习者组看重较为微观的"各课内部结构"(q10),而教师组看重较为宏观的"教材体系结构和级别设置"(Q24)。

表6–9　教师组和学习者组二级指标排序前10位对比表

序号	教师组		学习者组	
	题号	二级指标	题号	二级指标
1	Q34	教材语言规范	q12	主题和内容从易到难,循序渐进,符合学习规律
2	Q29	主题和内容的编排由易到难,循序渐进,符合教学规律	q15	教材语言生动、有趣
3	Q32	教材语言真实、地道、自然	q16	教材语言规范
4	Q41	教材采取螺旋上升的方式对语言知识进行了合理复现	q21	教材每课新知识的数量适中
5	Q15	教材适合学习者的年龄、认知水平、心理水平	q19	教材既包括语言知识(语音、词汇、语法、汉字)的学习,又包括语言技能(听、说、读、写)的实际运用
6	Q48	教材提供了综合运用语言技能的活动	q14	教材语言真实、地道、自然
7	Q24	教材级别设置合理,级别之间衔接顺畅	q10	教材各课内部结构很清楚,易于学习
8	Q65	教材利于提高并维持学习者的学习动机	q38	文化内容与所学的语言内容是有联系的
9	Q16	教材适合学习者的汉语水平	q35	教材提供了广泛、真实、准确的文化知识

序号	教师组		学习者组	
	题号	二级指标	题号	二级指标
10	Q33	教材语言生动、有趣	q36	教材提供了实用的交际文化,能让我在和中国人的交流中更加得体、恰当

三、结论与思考

(一)学习者为评价者的国际中文教材评价量表得以确立

学习者评价表比教师评价表简洁,以学习者为评价者的教材评价表确定了5个维度35项评价指标,总体指标数量少。同时,我们对学习者评价表的指标项进行了改写,避免专业晦涩的描述,语言更加浅显易懂,更加贴近学习者的语言风格。从以上两方面,力求提高学习者评价的可操作性。

(二)学习者与教师对教材评价观念差异较大,两种视角应加以区分

对两组调查结果进行比较后我们发现学习者和教师的教材观念存在较大差异,主要体现为:

学习者对教材的观念是一种"素材观",或"文本观"。他们着眼于教材提供了哪些语言素材和文化材料,素材本身的质与量如何。这种观念使得学习者更加关注教材的以下方面:(1)表象特征,例如知识量和每课的体例设计;(2)外观特征,例如配套资源;(3)个体特征,例如素材与"我"的关系。虽然学习者是学习的主体,但遗憾的是,学习者很难评价教材的可学性和易学性,因为这些性质深藏在教材内部,学习者难以从表象中获取结论。

教师对教材的观念是一种"组织观",或"教学观",他们强调教材内容的组织与编排,注重可教性。在这种观念下:(1)教师不仅关注教材包含哪些内容,更加强调内容的机理特征,编排是否合理、科学,组织是否符合教学规律,例如活动设计,知识与技能的编排;(2)相对于学习者对教材外观特征的重视,教师则更侧重教材的内质特征,例如教材对学习者情感态度的作用;(3)教师对教材的考虑更加宏观,更具有普遍性,他们不仅考虑教材的教学特点,还会从学习者的角度,审视教材与学习者的符合度和适配性。

（三）教材评价要综合考虑两种视角的观念

学习者与教师对教材评价观念的差异证明,学习者教材评价是不容忽视的重要角度。从学习者视角编写、选用、评价、改编和调整教材,这与以"学习者为中心"的教学原则相一致。

学习者与教师的教材观念差异是既对立又统一的关系。观念之间的差异客观存在,甚至有时是相互矛盾的,但两种视角的观点都是构成教材评价客观事实的组成部分,某个群体单一视角的评价难免偏颇。正因为如此,我们提倡教材评价应采取多元评价视角,综合多方评价观点,分析观点差异背后的理据,客观公正地得出评价结论。

（四）以学习者为评价者的教材评价具有广阔的研究空间

本研节对学习者的教材观念进行了调查,尝试建立学习者为评价者的教材评价量表。由于调查对象限于国内来华留学生,研究范围只涉及了国际中文学习者中的一个群体。随着国际中文教学在世界范围内广泛开展,教材所处的教学环境不断变化,教材新需求、新理念、新类型层出不穷,这都为未来学习者视角下的国别教材评价、本土教材评价、不同类型教材评价、数字教材评价提供了研究空间。从学习者类型来看,可进一步细分为儿童、青少年、成人汉语学习者,以及初级、中级、高级汉语学习者的教材评价。同时,国际中文教材的质性评价研究仍有待开拓,采用课堂观察、教材使用日志等典型的质性研究方法,对教材使用过程的评价是未来评价研究的一个重要方向。

第七章　区域国别中文教学资源研究①

目前,海外已有190多个国家开展了中文教育,这就意味着国际中文教学资源的使用主体在中国以外的众多国家和地区。对这些国家和地区的中文教学资源进行考察与分析,提出建议与对策,获得启示与借鉴,是区域国别中文教学资源研究的主旨与特色。

第一节　东南亚中文教材发展评估与对策

国际中文教材发展是一项宏观研究,它是从国家教育环境出发,以教材发展状态为研究对象的整体性、系统性、战略性研究。以往研究较少,其成果有两个特点:一是侧重教材发展史的历时研究②;二是侧重教材本体和编写的研究③,缺

---

① 本章主要内容发表于《民族教育研究》2017 年第 5 期,原文题目为《东南亚汉语教材发展评估的国别比较研究》。
② 曾天山:《教材发展的比较研究》,《西北师大学报(社会科学版)》1994 年第 4 期;李明:《近 20 年短期速成初级汉语教材发展概览》,《云南师范大学学报(对外汉语教学与研究版)》2007 年第 3 期。
③ 程相文:《汉语作为第二语言教材发展的三种形态》,《语言教学与研究》2004 年第 1 期;范常喜、杨峥琳、陈楠,等:《国际中文教材发展概况考察——基于"全球汉语教材库"的统计分析》,《国际汉语》2012 年第 0 期。

乏对影响教材发展的宏观环境和外部因素的考察。

国际中文教材发展评估是对教材总体状态进行考察和判断,通过评估发现教材未来发展的方向和路径。在国际中文教材研究中,有学者曾提出本土化策略、中外合作策略、配套及数字化策略、培训及服务策略等①。然而,这些策略大多来自感性认识和个案经验,它们是否具有普适性? 策略实施有没有制约条件? 能否建构一个科学量化的评估框架? 这些问题需要进一步探讨。

东南亚华人众多,中文教学历史悠久。目前东南亚中文教材相关研究多从编写角度寻找解决办法,从学习者特点、现用教材优劣、语言对比等微观角度提出相应教材编写建议。从国别研究来看,单一国别教材研究较多,多个国别比较研究次之,整体区域教材研究较少②。本节试图发现影响海外中文教材发展的必备条件和制约因素,对东南亚 10 国中文教材发展进行国别比较,建立分层模型,提出相应发展策略。

一、东南亚中文教材发展态势

(一)需求与成长态势

东南亚“华人华侨总数约 3348.6 万,约占东南亚总人口的 6%,约占全球 4543 万华人华侨的 73.5%”③。2015 年,中国 GDP 增长率为 6.9%。2015 年,中国东盟双边贸易额达到 4720 亿美元,双边投资达到 1500 亿美元,中国持续成为东盟第一大贸易伙伴,东盟是中国第四大出口市场,第二大进口来源地④。从这

---

① 叶子:《汉语国际推广背景下的教材建设与出版》,《语言文字应用》2006 年第 S1 期;张健:《对外汉语教材出版及推广的探索与实践》,《中国出版》2011 年第 19 期;应学凤:《汉语国际推广背景下对外汉语教材数字出版转型探析》,《中国出版》2012 年第 19 期;梁宇:《〈体验汉语中小学系列教材〉在泰国的快速推广对国际中文教材本土化的启示》,《汉语国际传播研究》2012 年第 1 期;丁安琪:《中外合作:汉语教材国际推广的重要途径》,《国际汉语教学研究》2015 年第 2 期。

② 韩明:《东南亚中文教材使用现状调查研究》,《国家教育行政学院学报》2012 年第 3 期;沈毅、陈丽梅:《东南亚国家汉语教材建设发展战略》,《云南师范大学学报(对外汉语教学与研究版)》2014 年第 3 期;于锦恩、谷阳:《民国时期大陆学人所编东南亚华校国语教材的特点——以沈百英所编华校国语文教材为例》,《海外华文教育》2015 年第 2 期;于锦恩:《民国时期东南亚人士编写的国语(华语)教材研究》,《华文教学与研究》2015 年第 4 期。

③ 庄国土:《东南亚华侨华人数量的新估算》,《厦门大学学报(哲学社会科学版)》2009 年第 3 期。

④ 数据来自中国政府网. http://www.gov.cn/xinwen/2016 - 05/26/content_5077130.htm。

两组数字可以推断,华族的文化传承和中文的经济价值是东南亚中文教学及教材发展的动因,这种强大的内在需求是世界其他任何地区都无法比拟的。

东南亚大部分国家形成了较为完整的中文教学体系。除缅甸外,中文在其他东南亚国家都已取得合法地位,中文已经进入新加坡、泰国、印尼、菲律宾等国国民教育体系。东南亚基础教育阶段中文教学的蓬勃发展给该区域中文传播可持续发展奠定了基础,为教材研发注入了活力。

(二)国别不平衡与辐射特征

东南亚中文教材发展受到各国经济发展水平、教育政策、语言政策的影响,呈现国别不平衡性,与中文教学水平呈现"共振"趋势。中文教学水平较高的国家,教材发展较好。同时教材发展对教学产生反拨作用。中文教材发展的国别不平衡性主要体现在研发能力、使用规模、教师教材使用能力、学习者拥有的教学资源等方面。

中文教学水平较高的国家逐步形成了典型的发展模式,如"政府顶层设计"的新加坡模式、"董教总①统筹管理"的马来西亚模式、"中泰多方合作"的泰国模式等。在典型模式的形成过程中,《小学华文》《华文》《体验汉语》等本土教材应运而生,不仅在中文教学体系中发挥作用,而且影响着其他国家的中文教学。

(三)多元模式与二语化趋势

在新加坡,中文是母语教学②,非第一语言教学(英语教学为第一语言教学);在泰国,中文作为第二语言教学比较普遍;在马来西亚,既有董教总教育体系内的母语教学,也有国民教育体系内的第二语言教学;此外还有中文作为第三/四语、双语教学等情况。教学性质的多样性,决定了教材多元化的发展现状。然而,受国家语言政策、华人华侨后代身份认同变化等因素的影响,东南亚中文教学"二语化"的趋势日益显著,这将影响未来中文教材的发展方向。

---

① 董教总是"马来西亚华校董事联合总会"(董总)和"马来西亚华校教师总会"(教总)的简称,是马来西亚华文教育的全国性领导机构,长期以来为马来西亚华文教育发展作出了重要贡献。

② 本节将母语定义为民族共同语。

二、中文教材发展的必要条件和关键因素

以往的成功案例证明,海外中文教材发展,离不开政策引领、需求导向、资金保障、机构落实这四个条件的相互作用。

教材发展需要中外政府部门的政策引导和扶持。首先,中文合法化是中文教学、教材发展的前提;其次,中文只有纳入国民教育体系,成为一门外语课程,才有机会与其他语言同台竞争,在该国基础教育中发挥作用;最后,如果中文能成为国民教育体系内的必修课,与升学考试挂钩,甚至成为官方语言之一,将会对中文教材发展产生巨大的推动力。

市场需求是中文教材发展的根本动力。可以从开设中文课程学校数量、学习中文人数、中文教师人数这三项内容考察中文教材市场需求和潜力。

资金是教材发展不可或缺的重要条件。教材项目资金主要来自:当地政府的财政支持、中方资助支持、机构经费筹措(包括教育机构收取学费)、市场运作。国家财政拨款保障了教材研发和推广,而市场良性运转是真正实现教材可持续发展的重要途径。

教材项目的落实机构可以是中国机构、当地机构、第三国机构,也可以由中外多方机构开展合作。机构性质可以是官方机构、国家或地区性的中文教育组织、协会等非营利机构,也可以是出版社、公司、私立学校等营利机构。关键看实施机构的行业影响力,在中文教学领域的专业性,人、财、物的运作管理能力,项目落实的执行力。

为使中文教材发展因素更加具象和直观,本节将以上必备条件进一步细化,构成"4 维度下 14 项指标"的教材发展评估框架(见图 7－1)。

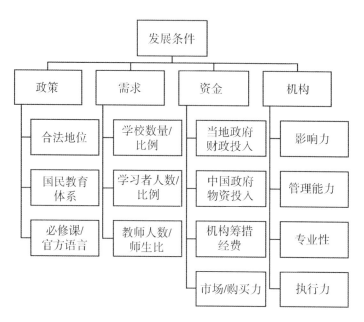

图 7 – 1 国际中文教材发展评估框架图

三、东南亚中文教材发展国别评估与分析

用以上 14 项具体指标评估东南亚 10 国中文教材发展现状与潜力,可将 10 国大体分为 3 类:

(一)中文教材"成熟型"国家:新加坡、马来西亚

新加坡和马来西亚是东南亚中文教材发展最"成熟"的国家,主要表现在:(1)有中文品牌教材;(2)品牌教材使用范围广;(3)品牌教材在当地中文教学体系中发挥巨大作用;(4)品牌教材不断修订完善;(5)与教材挂钩的课程大纲、测试、教师培训等相对完备。

1.中文纳入国民教育体系,中文教学采用统编教材

新加坡、马来西亚两国是华人占全国人口最多的国家,分别为 74.2% 和 21%(2016 年数据),中文在这两个国家具有很高的社会地位。

中文是新加坡官方语言之一,是所有华族学生的必修课。新加坡教育部课程规划发展司颁布了中文课程大纲及统编教材,即《小学华文》《小学高级华文》

《中学华文》《中学高级华文》,教育部定期组织教材培训及修订工作。

马来西亚教育部规定,在国民学校系统内使用统一编写的《华文》教材。马来西亚华人将"华语作为代际传承和社区交流的首选语言"。① 由董教总管辖的华文教育系统和马来西亚教育部管辖的国民学校系统,均受马来西亚政府的认可和支持,董教总课程局制定了华文课程标准并编撰了《华文》教材,由出版局出版发行,供全国所有华校使用。

2. 中文教学规模大,教材需求旺盛

新、马两国巨大的中文教学规模表现为:(1)开设中文课的学校多:新加坡共有 366 所小学、中学(相当于我国初中)和初级学院(相当于我国高中),均开设中文课,马来西亚华文教育系统内有 1297 所华文小学,60 所华文独立中学和 3 所民办华文大专院校;(2)中文生源充足:新加坡华族学生约 30 万人,马来西亚华教系统内学生 62.7 万人,国民教育系统内中文学习者人数也在逐年攀升;(3)教师配比合理。(见表 7 – 1)

表 7 – 1　新加坡、马来西亚两国基础教育中文教学规模

国家	总人口(万)	华人人口(万)	学校(所)	学生(万)	学生/总人口	学生/华人人口	师生比
新加坡	560.7	410.7	366	30	5.4%	7.3%	1∶14
马来西亚	3166.1	664.8	1357	62.7	2%	9.4%	1∶14.6

资料来源:新加坡教育部官网. https://www. moe. gov. sg/about/publications/education-statistics;《2016 年董教总工作报告书》http://www. dongzong. my/annualreport. php。此处数据均来自马来西亚华教系统,国民学校数据未统计在内。

3. 机构和资金落实到位,为教材可持续发展提供了保障

中文教育已纳入新加坡政府管理范畴。新加坡教育部 2010 年发布了《乐学

---

① 吴应辉:《马来西亚华文教育功能的新定位与新拓展》,首届马来西亚汉语教学国际学术研讨会大会报告。

善用——2010 母语检讨委员会报告书》,明确了母语教育政策和教学目标,并启动新一轮课程改革①。该报告书规定:华文教育专项资金已纳入教育部的年度财政预算;并责成教育部课程规划发展司母语处具体负责中文课程规划、大纲制定、教学资源开发和修订工作。在中文课程改革过程中,新加坡华文教研中心、南洋理工大学国立教育学院等机构在教材编写、教师培训及中新中文教育交流中发挥了较大作用。

董教总是马来西亚华人教育发言人和华社民办教育领导机构,被誉为"民间教育部"。它具有完善的组织结构,旗下的课程局负责建构中文课程体系及标准,编写和修订中文统一教材;出版局负责中文教材的出版、发行、销售工作;考试局负责设计中文考试大纲及实施中文考试。董教总于 2016 年制定并出台了《马来西亚华文教育蓝图》②,推动马来西亚华文教育体系日臻完善。马来西亚政府将国民小学以及部分华文小学纳入财政预算范围,给予经费支持;董教总系统内各个学校通过家教协会募集捐款,保障华文学校日常经营。

无论是政府主导的新加坡华文教学,还是民间教育机构引领的马来西亚华文教育,都实现了"三有":有规划、有执行、有预算。

4. 教材进入主流市场,实现商业化运作

在新、马两国中文教材是常见的教育消费品,约合 15—20 元人民币一本,由家长购买。市面上教辅用书价格略高,种类丰富。新加坡 Marshall Cavendish Education 出版社负责教育部规划教材出版发行,该社出版了 11 个语种教学产品已经发行到 6 大洲 50 多个国家,是名副其实的国际化、营利性出版社。据马来西亚董教总出版局统计,2016 年度马来西亚独中华文课本共发行了 669340 册,实际交易额为 7127277 马币(约合人民币 1110 万元)。可见,新、马两国华文教材已经实现产业化。

---

① 陈之权:《新加坡华文教学新方向——"乐学善用"的实施思考》,《华文教学与研究》2013 年第 4 期。

② 参见中华人民共和国教育部,《董总主席天猛公拿督刘利民讲词》,董教总官网. http://www. dongzong. my/detail-declare. php? id = 700. 2016 – 08 – 30。

（二）中文教材"探索型"国家：泰国、菲律宾、印度尼西亚、文莱

中文教材"探索型"国家是指目前处于中文教材快速发展并具有教材产业化发展潜力的国家。其主要特征为：（1）中文教材种类繁多，依赖进口，教材使用规模快速增长；（2）华族人口较多，中文教材需求旺盛，存在较大发展空间；（3）尝试过本土中文教材项目；（4）具有教材商业化运作潜力。

然而，其不确定性因素仍存在：（1）政治因素，如南海争议等问题影响中—菲、中—印尼外交关系；（2）政策因素，中文教学缺乏顶层设计，体系不完善，标准缺失，教学活动秩序性不强；（3）师资老化、缺口大，以印尼为例，如果按政府计划在全国 8000 所国立高中和 16000 所国立初中全面开设中文课，每所学校仅以 3 名教师计算，至少需要补充七八万名华文教师①；泰、菲两国也存在类似问题。（4）个体因素，如支持中文教学的关键人物辞世或离职影响当地中文教学项目的实施。

1. 教育政策宽松，中文教育已纳入教育体系，但政策实施的稳固程度各国不一

泰国是中泰各级政府支持中文教育力度最大的东南亚国家之一。2006 年，泰国政府批准并实行了"促进中文教学预算案"，5 年内增拨 5.29 亿泰铢（约合人民币 1.3 亿元），用于提高中文教学水平②。泰国也是中方建立孔子学院、孔子课堂最多，选派教师志愿者人数最多的亚洲国家。在泰国，中文不仅是中小学选修课之一，还是高中专业班必修课，同时也是高考科目之一。

菲律宾华校被政府"全盘接收"。20 世纪 70 年代，华校正式纳入国民教育体系，实现了合法化和正规化。2011 年 2 月，菲律宾教育部宣布，在部分公立重点中学开设中文课，随后中文教学在菲律宾教育体系内不断扩大。

20 世纪 90 年代以来，印尼政府的中文教育政策逐渐放宽。2004 年，中文正式进入印尼国民教育体系。印尼政府鼓励私企办学，这一措施带动了三语（汉

---

① 宗世海、王妍丹：《当前印尼华文师资瓶颈问题解决对策》，《暨南大学华文学院学报》2006 年第 2 期。

② 吴应辉、龙伟华、冯忠芳，等：《泰国促进汉语教学，提高国家竞争力战略规划》，《国际汉语教育》2012 年第 1 期。

语、英语、印尼语)学校①的发展。当今三语学校已经成为印尼华文教育的主流。

文莱华校与国民学校实现"并轨"。政府实施了在国民学校中选修中文的政策,华文学校采取汉语、英语、马来语"三语并重"的策略。华校除办学经费自筹以外,课程设置、教学语言、教师聘请、学费额度等均受教育部管辖,华校学生与国民学校学生一样参加教育部统一会考。

泰、菲两国中文教学具有相似性,华文教学进入国民教育体系后逐渐成为第二语言,受众面拓宽。泰国在小学、初中、高中全面开展中文教学,比菲律宾中文教学层次更丰富,普及程度更高。中文教学在文莱、印尼两国国民教育和华文教育系统中"双线开展",华校以三语教学为特色,这与马来西亚中文教学体系类似。但印尼政府中文政策的不确定性致使其国民教育体系内中文教学发展受限。

2. 中文教材建设经多方合作和本土化尝试,但目前仍缺乏经典的华文教材

2006 年,泰国教育部基础教育委员会与中国高等教育出版社合作编写出版了《体验汉语》,由泰国教育部直属出版社发行。《体验汉语》是目前泰国中小学使用最广泛的中文教材,每年发行约 60 万册,市场占有率较高。

菲律宾华文教育中心与北京大学出版社合作,先后出版了《菲律宾华语课本》《新编菲律宾华语课本》及配套产品。该教材在菲律宾华校使用近 20 年,已成为菲律宾华校统一使用的中文教材,取得了良好的教学效果。

印尼曾多次尝试中文教材合作开发。例如,中国国务院侨办委托广州市幼儿师范学校为印尼编写出版了《千岛娃娃学汉语》,新加坡与印尼文化事业私人有限公司合作出版了《好学生华文》,由原国家汉办、厦门大学和印尼华文教育协调机构共同编写、印尼教育部审定出版了中学教材《华语》等。② 然而,上述教材在印尼全国覆盖面有限,且教材质量参差不齐,使用持续性不强。

---

① 三语学校是指三种语言并进或以三种语言为教学语言的学校,这是印尼华人、华社在现形势下创办的全日制华文学校,隶属印尼国际教育系统。

② 蔡丽:《印尼正规小学华文教材使用及本土华文教材编写现状研究》,《华文教学与研究》2011 年第 3 期。

文莱中华中学在苏州市实验小学"图式五步识字"研究成果基础上,结合文莱本土文化和人文特点编写出版了《图式五步识字》中文教材;其后续教材《文莱小学高级华文》正处在由中国华文教育基金会、文莱中华中学、北京燕京文化专科学校合作编写中。

菲律宾和文莱已基本形成了"课程—教材—教学—考试"中文教学体系;泰国中文教材体系存在不衔接、不连贯、不统一等问题;印尼中文教材尚未形成体系,限制了中文教育发展。

3. 体量不同,规模渐大,师生比例悬殊

据泰国教育部统计,2013 年泰国共有 1524 所院校开设中文课程,86.3 万人学习中文,而且这个数字还在持续增长,学习者人数约占全国总人口的 1.27%。2003 年至今,应泰国教育部邀请,原国家汉办共向泰国派遣了 1 万余名中文教师志愿者。在此期间,泰国本土中文教师人数也在增长。

在菲律宾,各类华校有 200 多所,仅大马尼拉地区就有 91 所,在校学生 10 万多人,中文教师 3 千余人。[1]

印尼有 2.58 亿人口,华人人口超过 1000 万。据宗世海、刘文辉调查得知:有约 300 家由华社、宗教团体兴办的中文正规补习班;100 多家正规中小学、幼儿园开展了中文教学(其中多为选修),约 40 所大学开展了中文教学,其中设中文系的约有 10 所。此外,还有华人已经创办和即将兴办的大学[2]。另据印尼三语学校协会主席陈友明调查得知:印尼现有三语学校约 50 所,学生总人数有 3 万多人。他乐观估计,10 年之后,印尼的三语学校能够达到 200 家,20 年之后达到 500 家,那时将会有三四十万的华文学生[3]。据宗世海、王妍丹调查得知,印尼中文教师约有 3000—4000 名[4]。

---

① 郑通涛:《东南亚中文教学年度报告之二》,《海外华文教育》2014 年第 2 期。

② 宗世海、刘文辉:《印尼华文教育政策的历史演变及其走向研究》,《暨南大学华文学院学报》2007 年第 3 期。

③ 陈友明:《印尼三语学校华文教学考察探析》,《汉语国际传播研究》2014 年第 2 期。

④ 宗世海、王妍丹:《当前印尼华文师资瓶颈问题解决对策》,《暨南大学华文学院学报》2006 年第 2 期。

文莱有42.3万人口,华人约有5万人。8所华文学校,从幼儿园、小学、初中到高中,在读学生6000多人。华校教学质量过硬,师资充裕,赢得非华人族群的信赖。①

从中文教育规模来看,泰国最大,印、菲发展空间最广阔,文莱最小、教学质量却最高。除文莱以外,其他三国师资短缺问题突出。

4. 中文教材种类繁多,进口量大,贸易自由

在以上4国,在用教材的种类相当丰富,主要从中国大陆、新加坡等地进口。以泰、印为例,笔者对泰国中文教材使用情况进行了调查,在用教材共54种,其中大多数来自中国大陆,占50.9%,泰国本地出版的教材占14.9%;蔡丽曾对印尼163所开设华文课的小学进行调查,正式出版发行的华文教材共14种,使用进口教材的学校占84.66%,其中使用中国大陆教材的占48.47%,最普遍的是《汉语》;使用新加坡教材的占25.77%,主要是《小学华文》②。

泰国、印尼有多家华人经营的华文图书出版公司和书店,华文教材在市场上自由经营,每本教材约20元人民币。在菲律宾,华教中心开办了规模较大的"新华书城",其经营方针是"服务第一,营利第二"。文莱是世界最富有的国家之一,学费及教材购买费用由家长负担。

5. 中文教育组织松散,资源分散,缺乏本土专家

在泰国,教育部统筹管理全国中文教育。泰国教育部基教委、职教委、高教委、民教委、各府教育厅从各自业务出发,推动中文教学。但由于泰国政府频繁更迭,教育部官员屡次更换,中文教育政策连贯性不强,管理效率较低,落实不够到位。

菲律宾华文教育研究中心是全国性华文教育组织和行政协调机构,"菲律宾华教中心基金"负责募集并管理捐赠资金,支持各项目开展。该中心研制了《菲

---

① 孙德安:《文莱华教之现状》,《暨南大学华文学院学报》2011年第3期。
② 蔡丽:《印尼正规小学华文教材使用及本土华文教材编写现状研究》,《华文教学与研究》2011年第3期。

律宾华校幼儿园教育大纲》和《菲律宾中、小学（十年制）华语教学大纲》，并在此基础上，陆续编写出版了一套完整的菲律宾华语教材。近年来中菲外交关系的波动，直接影响了两国政府对中文教学的态度和资金投入。

20 世纪初，印尼全国及地方华文教育协调机构相继成立。但由于印尼岛屿分散，社团、机构各自为政，难以形成全国性华文教学统筹组织，难以聚拢资源，整体解决教材短缺问题。例如，由东爪哇华文教育统筹机构组织编写、印华教育出版社出版的本土教材《育苗华语》（2007 年），只在西、东爪哇一些学校使用，未形成全国性影响。

华校是文莱中文教学的主体。文莱华校行政制度较为完善，最高机构由华人商业机构或赞助人组成，赞助人选举董事会，由董事会负责制定办学方针、筹募经费及人事任免等①。中华中学是文莱规模最大的私立华校，它的教学模式、教材选用等对其他华校具有示范效应，但不起权威强制作用。

（三）中文教材"待发展"国家：越南、柬埔寨、老挝、缅甸

中文教材"待发展"国家，是指有一定中文教材使用基础，但中文教学规模偏小、教学体系不健全、教材自主研发能力不足、缺乏教学资源、有待政策和资金扶持的国家。

1. 中文教育未纳入国民教育体系，华文教育势单力薄

在缅甸，中文并未纳入其中小学国民教育体系；在柬埔寨和老挝，政府仍未将中文纳入国民教育体系；在越南，早在 2006 年教育培训部就颁布了《普通教育课程：中国语课程大纲》，中文被列为中学外语选修课，但实际上 98% 学生选修英语，2% 选修俄语、法语、汉语②。这就意味着中文在上述 4 国国民教育体系中尚未普及，华文教育未与国民教育接轨，华校学历不被政府承认，经费也得不到政府支持。目前，民办华校只能利用正规学校课余时间进行课外中文教学，普遍存在办学经费困难、设备简陋、师资和教材短缺等问题。

---

①　孙德安：《文莱华教之现状》，《暨南大学华文学院学报》2003 年第 4 期。
②　吴应辉：《越南汉语教学发展问题探讨》，《汉语学习》2009 年第 5 期。

2. 中文教育需求增长，但未形成较大规模，教材发展受限

近年来 4 国中文教学发展较快，恢复到甚至超越了历史鼎盛时期，但规模仍未有突破性增长，中文学习人数占全国总人口比例普遍较小。（见表 7 - 2）

表 7 - 2 越南、缅甸、柬埔寨、老挝 4 国中文教学规模

国家	总人口数（万）	华人人口数（万）	学生人数（万）	学生人数/总人口	学生人数/华人人口
越南	8400	100	6	0.07%	6%
缅甸	5440	250	16.8	0.31%	6.7%
柬埔寨	1560	70	6	0.38%	8.6%
老挝	689	3.5	0.5	0.07%	14.3%

在越南，据陈灵芝调查得知：越南大学中文专业（四年制）每年招生约 3000 名①。据吴应辉考察得知：越南类似补习班性质的华文中心学生有 25000 余人，再加上少量国民教育体系内的中小学、华文学校、越华学校的学习者人数，估计为 5 万余人②。另据伍奇、施惟达调查：以胡志明市为例，国民教育体系内中小学生有 150 多万，而中文学习者不足 4500 人，比例较低③。

在缅甸，据赵紫荆统计得知：全缅开设中文课的学校有 284 所，学生人数达 168138 人，教师数为 3077 人，缅北地区中文作为一语教学的规模较大，学生人数达 150260 人，占总人数近 90%，主要集中在高中④。缅中和缅南地区中文作为第二语言（外语）教学的规模较小，主要集中在语言班。

笔者于 2016 年在柬埔寨调研，柬华理事总会下辖 58 所华校，教师人数 1100

---

① 陈灵芝：《汉语国际传播视角下的越南高校汉语教学发展研究》，博士学位论文，中央民族大学，2016。

② 吴应辉：《越南汉语教学发展问题探讨》，《汉语学习》2009 年第 5 期。

③ 伍奇，施惟达：《越南汉语教学考察》，《云南师范大学学报（对外汉语教学与研究版）》2008 年第 3 期。

④ 赵紫荆：《缅甸汉语教学类型及地理分布研究》，博士学位论文，中央民族大学，2015。

余名,学生人数逐年递增,目前在校生约 5 万人,其他社会学习者大约有 2000 余人。据蒋重母、邓海霞、付金艳调查,老挝华校、大学、培训机构等共有中文学习者 5000 多人①。

4 国中文教学规模受限的主要原因有两个:(1)相对于东南亚其他国家,4 国华人人数较少,在总人口中占比较低;(2)中文教学局限在华人社会,教学规模是限制当地教材发展的重要因素。

3. 中文教学经费筹措困难,中文教材严重匮乏

根据世界银行②的高低收入(GNI)国家分类和联合国人类发展指数③(HDI),老挝、缅甸、柬埔寨被认定为低收入国家。越南、柬埔寨、老挝的贫困人口比例分别为 13.5%(2014 年)、17.7%(2012 年)和 23.2%(2012 年)。4 国教育经费投入不足,教育发展水平较低。在这种情况下,政府对华文教育的经费支持"有心无力",中国政府的支持主要体现在物资、师资方面。华校办学经费主要来自华人组织捐款、学费和私人资金,而这三方面经费来源都不稳定,华校经营举步维艰,办学质量不高,教材购买经费不足,教材匮乏。

4. 中文教育以捐赠复印为主,商业运作能力不足

以上 4 国,图书进出口贸易和出版业欠发达,知识产权意识也较为淡薄。中文教材运营存在以下 4 个问题:(1)依靠捐赠,中文教材主要依靠中国相关机构捐赠,4 国教职人员往来中国时自带教材;(2)大量复印,有的书店甚至专门出售复印本中文教材;(3)政府严控,在越南,中文教材编写和出版必须得到教育部许可,否则违法;(4)购买力低,商业运作能力不足,难以吸引外资推动中文教育规模发展。

同时也应看到上述 4 国中文教材发展的积极因素:(1)高等教育阶段中文教学发展较为稳定:在越南,河内大学和胡志明市师范大学具有中文专业学士、硕

---

①　蒋重母、邓海霞、付金艳:《老挝汉语教学现状研究》,《东南亚研究》2010 年第 6 期。
②　世界银行,https://data.worldbank.org/indicator/NY.GNP.PCAP.PP.CD? view = chart。
③　联合国人类发展指数,https://hdr.undp.org/。

士学位授予权,河内国家大学所属外国语大学还具有汉语言专业博士学位授予权;在缅甸,曼德勒大学具有中文专业硕士学位授予权,仰光外国语大学具有中文课程的硕士和博士学位授予权;柬埔寨的皇家金边大学、老挝的老挝国立大学也设有中文系;(2)中文"登陆"国民教育的步伐加快:如近期越南教育培训部提议:从2017年起,将汉、俄、日语增列为基础教育第一外语①;(3)尝试本土教材开发:据刘汉武在越南书店的调查得知:由越南自编的中文教材共135种,占调查总量的66.18%②;在柬埔寨,暨南大学华文学院与柬华理事会合编华文教材,在华校使用普遍。

四、东南亚中文教材发展策略的分层模型

从国别比较的角度看,以上三个类国家中文教材的发展水平、机遇与挑战均不同,应对三类情况提出针对性解决方案,有助于扭转东南亚中文教材区域性不平衡、不协调的局面。

(一)中文教材"成熟型"国家:自主性发展

1. 主导策略:发挥对象国主体作用

"成熟型"国家应掌握推动本国中文教材发展的主动权,成为本国中文教材发展的主导者、促进者、组织者。中方母语国应在政策方面积极支持,在学术研究方面专业引领。中方政府、机构或个人应根据对象国的需求给予积极、有力的支持与配合。中方学术界应加强国际中文教学理论、教材编写理论基础性和普适性研究,给予对象国理论研究支撑。

2. 优化策略:扩大教材产业规模

教材"成熟"国家已具有丰富的教材品种和良好的品牌效益,应在一定周期内,适时修订和完善。用教学理念创新带动教材优化,让教学需求变化驱动教材升级,适度开发优质教辅产品,促进教材市场不断扩大。

---

① 《越南教育部门提议将汉俄日语列初级教育第一外语》,《联合早报》2016年9月28日。
② 刘汉武:《越南汉语教材的现状及编写建议》,《现代语文》2011年第9期。

3.辐射策略:引领区域教材发展

东南亚各国语言、文化、自然环境、社会环境具有较高相似性,教育文化、中文教学也具有一定共通性,"成熟型"国家研制的中文教材在其他东南亚国家具有很强的适用性,教材的运输物流在东南亚各国之间也较为便利。"成熟型"国家有条件和能力成为"东南亚中文教材研发基地",面向东盟国家开展区域性中文课程及教学资源建设,带动东南亚中文教材整体发展和繁荣。

(二)中文教材"探索型"国家:产业化发展

1.扎根策略:夯实中文在教育体系内的地位

在"探索型"国家,稳固中文在体系内的地位是首要任务。虽然名义上中文已经进入国民教育体系,并初步显现需求驱动下的规模效应,但是中文在国民教育体系内的地位并不稳固,在与英语的竞争中还处于劣势,中文教学体系仍不完善,这都导致中文教材在体系内的孕育和成长环境相对脆弱,容易造成"先天不足"。

2.人才策略:建立本国中文教学人才储备库

当本国中文教学政策的顶层设计尚未实现时,可以尝试"以教材为核心"的教学体系建构模式:用一套完整的教材规范中文教学内容,统一课程目标和课程设置,使用教材开展教学,利用教材内容进行测试,为教材使用教师提供培训。这种模式需要一支高素质、专业化的本土中文人才队伍,需要真抓实干、敬业奉献的学科带头人,因此"探索型"国家的中文人才培养和储备、中文教师教育和培训亦为当务之急。

3.聚力策略:团结各路中文传播力量

在泰国,可以建立教育部领导下的"中文教学指导委员会",由专家、学者、骨干教师组成,协助教育部制定中文教学相关政策、推动中文教学改革和教材建设,开展中文教学理论研究、咨询、评估,全面提高泰国中文教学质量。在印尼,应在各地区华文教育协调机构之上,选举成立"全国华文教育协调机构",借鉴马来西亚董教总和菲律宾华教中心的组织架构和管理机制,开展实质性、专职性华教业务,团结全国华教力量,设立华文教育基金,作为代表与政府协商华教事宜,统一华校和三语学校的课程和教材,全面促进印尼华教发展。在文莱,可以由中华中学牵头成立"中文教师协会",为教师搭建一个经验交流、学术探讨、资源分享的平台。

4.市场策略:树立中文教育产业理念

"探索型"国家的教材发展目标应为:扎根国民教育体系,形成教育产业,融入主流市场经济。为此,教材项目运作应符合市场规律:重视并适应教材需求,保持供给与需求平衡,引入合理价格机制,鼓励良性竞争;应耐心地培育新兴市场,不能急于求成,追求短期利益;要以整合本国内在力量为主,争取外援为辅;中方政府应减少赠送教材,与目标国协力培育良性的教材市场环境。

(三)中文教材"待发展"国家:帮扶式发展

1.融入策略:力争进入国民教育体系

对于"待发展"国家来说,加快中文融入本国主流教育体系是首要任务。可以采取"三步走":(1)根据本国中文教学地域分布情况,在华校内部实行教育改革,规范、统一华校教学,争取与体系内学校的课程体系和考试体系并轨;(2)争取本国政府承认华校学历;(3)将中文教学逐步拓展到体系内学校(作为第二语言或外语教学),争取本国政府将华校纳入统一管理体制,给予同等的财政经费。这个过程需要华人领袖、华人组织、华教人士团结起来进行不懈努力。

2.扶持策略:中方政府加大中文教学支援力度

中国母语国应在中文和中华文化国际传播事业中积极落实"一带一路"倡议,加大对这些国家中文教学的扶持力度。面向这类国家,增加留学生政府奖学金、孔子学院奖学金、新汉学计划等项目名额,协助培养中文传播人才;增加教师志愿者派送人数,根据对方需求增加教材和相关图书配送,缓解教师、教材短缺问题;增加教师培训专家团组,帮助提高本国教师教学水平;减免汉语水平考试费用,推进汉语水平考试与当地外语考试接轨;鼓励高校合作开展中文教学研究、师资培养、教材研发等项目。

3.效率策略:合理开发本土教材,注重投入产出效率

鼓励本土教材编写和出版,在现阶段的"欠发展"国家并不现实。首先,本地

教师编创能力和精力有限；其次，教学规模有限，教学性质各异；再次，出版和推广经费缺乏；最后，本国出版业不发达，发行困难。为此，应本着实事求是原则，合理开发本土教材。在这类国家开展教材项目应量力而为，避免急功近利；要注重资源的有效利用，将有限的资源进行合理配置；要善于把握机遇，争取中国政府和企业的支持。

第二节　泰国中文教材本土化发展与启示

随着全球"中文热"的持续升温，海外中文学习需求日益旺盛，国际中文教材迎来了前所未有的广阔市场空间，同时，也为教材建设和出版模式带来了空前的发展机遇和挑战。据权威报告统计，现共有 1 万多种适应不同国家、不同人群、不同层次需要的、正式出版发行的中文教学用书。然而，海外却频频传来"我们在当地买不到中文教材""目前的教材不适合本地教学"的声音。精品教材屡屡遭遇"一本难求"或"水土不服"的状况，引发了教材"本土化"的呼声和热议。

近年来，泰国的中文教学迅猛发展，这种发展势头带动了泰国中文学习者对本土化教材的诉求。为了解决泰国中文教材短缺的瓶颈问题，泰国教育部于2005 年先后委托云南师范大学和高等教育出版社（以下简称"高教社"）编写泰国中小学中文教材。高教社于 2005 年底启动了《体验汉语中小学系列教材》（以下简称《体验汉语》）泰国项目。在两国教育部的共同推动下，该套教材于 2007年成功进入泰国国民教育体系，当年超过 15 万的泰国中小学生使用了该套教材；2010 年 2 月，该套教材经过泰国教育部审查核定，正式列入泰国中小学教材目录，成为历史上第一套进入其他国家基础教育教材目录的中文教材。据 2010年统计，每年有来自 1000 所中小学的 30 万泰国学生使用该教材，同时，20 个体验汉语中心在泰国建成。2010 年该套教材在泰国印制总册数为 30 多万册，教材销售码洋折合人民币 1000 多万元①。《体验汉语》实现了社会效益和经济效益双丰收。在教材本土化方面进行了有益的探索和尝试。本节试图通过分析这个典型案例,总结出在全球化背景下,运作一个教材项目,只有思维全球化、行动本土化才能真正融入当地教材市场,才能真正实现教材本土化。

一、本土化教材与教材本土化

原国家汉语国际推广领导小组办公室主任许琳在《关于 2010 年孔子学院总部工作总结和 2011 年计划的汇报》中指出:"大力支持各国孔子学院和教育机构编写本土教材。"可以说,编写本土教材是提高各国中文教学质量、突破"三教"瓶颈的主要任务之一,是当前中文国际推广工作的重要内容。

本土化的实质是跨国企业将生产、管理、营销、人力资源全方位融入所在国经济的过程,是一种协调战略模式,它通常包括研发本土化、生产制造本土化、管理运营本土化、营销方式本土化和人力资源本土化。本土化是伴随着全球化进程出现的一种趋势和力量。全球化强调产品、文化、价值观和行为模式的趋同性和标准化。本土化则意味着为了更适合"特定"地方的使用而增添的差异化。从表面看,全球化和本土化是相互冲突的两种趋势。同时,这两种趋势又相互依存,相互融合。这种融合不是简单意义上的折中,而是以"全球化思考,本土化行动"为指导思想,不仅以全球化的视野思考和制定经营战略,而且要根据当地环境和消费者的需求,修改标准化以满足特定差异化需求,真正实现标准化和差异化、全球化和本土化的平衡发展②,因而也被称为全球本土化战略。

本土化语言教材是指从某一国家或地区学习者的特点和需要出发,以满足特定国家或地区学习者的学习需要为目标而设计、编写和制作的某一语言作为

---

① 高等教育出版社:《抓住机遇,解放思想,自主创新做受当地欢迎的教育合作伙伴——高等教育出版社在国际汉语教学方面的探索与实践》,《内部汇报材料》2010 年。
② 王宁:《全球化和本土化的对立与对话》,《马克思主义与现实》1998 年第 6 期;李庆霞:《论全球化与本土化的文化冲突》,《求是学刊》2003 年第 6 期。

外语或第二语言教材。① 简单地说,本土化教材是为特定地区学习者研发的教材,这个定义体现了教材研发阶段内容本土化理念。

　　教材是一种应用于教学实践的产品,既要满足教学需要,又要符合生产流程和市场规律。最基本的出版产业链包括:出版社(含研发组织)→印刷厂→发行商→客户。教材本土化体现在出版产业链的每个环节,它比本土化教材所涵盖的本土化内涵更为深广,不仅包含了教材研发的本土化,还包括生产制造本土化、管理运营本土化和营销体系本土化。试想,如果一套本土化教材没有生产、运营、营销本土化的支撑,势必面临定价、库存、备货、销售渠道、运输等诸多问题,难以适时、适地、适情地满足市场需要,达不到教材本土推广的目的。在全球化背景下,世界各国都已融入一个大的经济体系中,教材市场亦不例外,教材推广应采取全球本土化战略,即"全球化思考,本土化行动",进行全球布局,本土定位。其中,内容本土化是为了更好地符合当地学习者的学习习惯,而本土化经营则是为了保障教材推广和市场占有率的提高。实际上,打通海外出版发行渠道,扩大教材全球覆盖面是一项更为复杂、艰巨的工作。

二、《体验汉语》的本土化

　　中泰两国政府部门在《体验汉语》项目中发挥了积极作用。2006—2011 年间泰国教育部基础教育委员会、高等教育委员会、私立教育委员会等各部门代表团多次访问高教社。2009 年 6 月泰国教育部部长 Jurin Laksanawisit 率领代表团访问高教社。2009 年 7 月 7 日,泰国皇室枢密院大臣 Mr. Kasem Wattanachai 率领皇家理工大学校长团一行 28 人到访高教社。这一系列高端访问引起两国政府对该项目的高度重视,促进该项目快速良性发展,为该套教材扎根于泰国中文市场奠定了牢固基础,为在泰国开展大规模教材培训、建立合作出版机构等提供了重要保证。《体验汉语》项目也得到了原国家汉办的大力支持。它不仅是原国家汉办在泰国的重点推荐教材,并通过中文教师志愿者项目、志愿者赠书项目、

---

① 吴应辉:《关于国际汉语教学"本土化"与"普适性"教材的理论探讨》,《语言文字应用》2013 年第 3 期。

国家公派教师项目、中泰合作培养泰国本土化中文教师项目、外国本土中文教师来华教材培训项目等,快速高效地进入泰国中小学中文课堂。近年来,中国新闻出版总署鼓励中国出版产品"走出去",始终坚持"政府资助、企业运作"的方式,形成了"中国图书对外推广"的良好机制,为《体验汉语》进入泰国课堂奠定了政策基础。

作为项目主体,高教社全球布局,重点突破,按照市场规则和国际惯例进行项目运作,推动中泰双方教育部高层交流合作,落实促进教材推广的具体措施,专人专职进行项目管理,确保该套教材在泰国本土市场的引领地位。在实施过程中,高教社本着"全球本土化"和"合作、共赢"两大原则,经过多次实地教学调研、市场调研、营销渠道调研,在发现本土化新兴市场、教材内容本土化、服务本土化、经营本土化四个方面探索出一条新路。

(一)开展全球中文调研,发现泰国本土化新兴市场

在市场经济条件下,出版企业的经营必须以市场为中心。加强市场需求调查对出版企业的生产经营具有十分重要的指导意义。中文教学分散在100多个国家和地区,受政治、经济、外交等影响各异,变幻莫测,探明潜在的市场需求显得尤为重要。

2004年起,高教社投入了大量经费、大批调研员在全球范围内进行实地调研、考察,分析其各自的市场特点,寻找突破口。在泰国,高教社曾一年五次赴泰国调研,全面了解当地的中文教学情况和出版发行情况,对泰国中文教材市场供需状况、规模、结构、特点进行分析。在全球中文热潮流中,泰国中文热尤为突出,泰国中文教材市场呈现以下四个特点:第一,市场规模快速增长。中文自20世纪90年代进入泰国中小学课程,开设中文课的中小学校数量呈逐年增长的态势。相对于6000多万人口而言,泰国本土化中文教材需求总量较大,需求密度较高,易于形成规模效应。第二,泰国政府主导。泰国政府把促进中文教学提升至国家战略高度,全方位、多维度地促进中文教学发展,其中教材建设是多项重要措施之一。第三,泰国政府对基础教育具有更强的行政干预力度。第四,现有的知识传授型的传统中文教材不符合泰国学生语言学习习惯,亟须活动化、任务

型的中文教材。

（二）钻研泰国中文教学,力求内容本土化

内容本土化有利于产品融入当地文化,更好地满足消费者需求。教材内容本土化主要体现在教材编写方面。吴应辉提出本土化教材应包含的四个要素:即教材容量本土化、生词注解母语化、难点讲解对比化和部分话题本土化。[①]《体验汉语》在研发过程中也强调了本土化编写,体现在以下五个方面:

第一,教学理念本土化。《体验汉语》以体验、启发、任务为编写理念,契合泰国中小学教育指导原则,符合学生学习习惯。由于各国社会风俗、民族习惯、生活环境、宗教信仰等存在差异造成其教育理念和教学方式不尽相同,因此教学理念本土化是教材本土编写最重要的方面。

第二,依据泰国外语教学大纲的"交际、文化、关联和社区"(Communication,Culture,Connection,Community)4C 原则编写。《体验汉语》前言中提到该套教材"遵循泰国外语教学大纲四个 C 原则,针对泰国学生中文学习的条件和特点,在话题、功能、语法、课文内容和练习形式等方面进行了有益的尝试"。有了大纲为依据,不仅使得教材编写有章可循,而且使这套教材与泰国教育体制更加吻合。

第三,融入泰国特色的教学内容。在教材研发阶段主创人员广泛而深入地调研泰国的国情、文化、教育体制、中文教学状况、课堂教学方法等,大面积进行教师、学生需求调查,与泰国教育部进行沟通,了解他们的需求,进行"本土化"定制。教材内容也充分考虑当地文化因素,如泰国独具特色的见面双手合十敬礼,还有黄色、大象、皇室等元素,都在教材的编写中细加考虑,以增强泰国师生使用时的亲切感。

第四,使用中泰双语注释。《体验汉语》在学习目标、词语、活动指示语及各模块标题使用了泰语注释。准确、适度的母语注释,特别是在初、中级中文教学阶段,有利于学生正确理解教学内容和教学任务,有利于教学活动的顺利开展。

---

① 吴应辉:《关于国际汉语教学"本土化"与"普适性"教材的理论探讨》,《语言文字应用》2013 年第 3 期。

第五,立体化配套齐全。"立体化、配套全"已成为近年来国际主流的教材设计理念。《体验汉语》顺应了国际先进教材设计潮流,相继出版了学生用书、教师用书、练习册、词语卡片、拼音课本。并从"第二语言习得"角度出发,研发了人机互动学习系统、发声挂图、智能白板多媒体教学软件等产品。通过一系列听、说、读、写过程让学生动口、动手、动脑,从而完成体验过程。

(三)教材培训常态化和教学资源数字化,提升服务本土化

教材培训是教材作为产品的增值服务,目的是使教师深入地理解教材设计理念、有效合理地使用教材、提高教学积极性,从而达到教材推广的目的。虽然对外中文教学已经走过几十年历程,目前仍面临着合格教师数量短缺、教学理念比较传统、教学经验积累不足等问题。为此,通过教材培训推广教材显得尤为重要。2007 年高教社先后在曼谷和北京进行了 7 次《体验汉语》的培训工作,共培训了 1915 名教师。迄今为止,已累计对 4000 多名泰国教师进行了培训①。

此外,高教社专门为泰国教师搭建了一个数字化中小学教师备课平台,这套在线系统为教师提供了丰富的教学资源,同时教师可以在此平台上交流和沟通各自的教学心得。在教材推广过程中,数字化成为其立足泰国的一大竞争优势。

(四)创新出版模式,实现经营本土化

在"走出去"进程中,如何开发海外本土渠道一直是瓶颈问题,一些企业选择了"借船出海",与海外企业合作,借用其本土渠道,打开海外市场,融入本土。从某种意义上说,这种海外合作模式的关键就在于选择适当的本土经营者作为合作伙伴。国际合作出版是中国出版"走出去"的重要途径之一。

《体验汉语》通过与泰国 KURUSAPA 出版社合作,实现了在输出地本土化,延展了本土化的内涵。2007 年 8 月 30 日,高教社与泰国教育部 KURUSAPA 出版社在北京国际图书博览会上就"泰国中小学体验汉语教学资源"举行了合作出版签约仪式,从而实现了该项目的经营本土化。这种经营本土化体现在以下三

---

① 高等教育出版社:《抓住机遇,解放思想,自主创新做受当地欢迎的教育合作伙伴——高等教育出版社在国际汉语教学方面的探索与实践》,《内部汇报材料》2010 年。

个方面:第一,印制本土化。高教社负责教材整体设计,定期派专人赴泰,协助泰方出版社进行生产印刷。第二,物流、仓储本土化。在出版产业链中,印制、物流、仓储均属于低端环节,双方可以根据泰国教材市场规律,协商产品包装、定价、宣传、促销等。第三,发行渠道本土化。泰国 KURUSAPA 出版社是泰国教育部直属的从事教育教材和图书出版和发行的大型专业出版社。该社凭借泰国教育部政府资源,在泰国坐拥得天独厚的教材发行网络。通过与 KURUSAPA 的合作,《体验汉语》可以按照当地学校教材征订规律,与其他教材一起统一配发,实现泰国中小学大面积覆盖。

在合作中,高教社将印制、物流、仓储等出版产业链中低端环节外包给境外当地机构,自己掌握产业链中研发和服务的高端部分,充分利用国内国外两种资源,赢得了当地畅通的发行渠道,建立了完备的营销体系,节省了生产、运输、仓储成本。泰方也由此获得了稳定的订单、增加了产量、就业及市场回报。可以说,该项目取得了双赢局面,实现了从研发到生产、服务等产业链的国际化转变。

三、对中文教材本土化的启示

根据以上分析,《体验汉语》形成了研发、生产、培训、服务、物流、仓储、营销整条出版产业链的本土化,成为教材本土化、出版物走出去的典型案例之一。这个案例对教材本土化有如下五点启示:

(一)出版企业国际化对教材本土化的积极作用

目前国内出版国际中文教材的出版社,如人民教育出版社、高等教育出版社、商务印书馆、北京语言大学出版社等,均是国际化程度较高、长年与国外出版社合作交流、有实力的强社、大社。例如高教社连续 3 年进入全球出版业 50 强榜单,成为唯一进入国际 50 强的中国出版社。又如北京语言大学出版社搭建了覆盖 33 个国家和地区的拥有 296 家代理经销商的海外营销渠道,曾在 2005 年、2006 年蝉联全国出版企业版权输出总量第一。这些出版社承载着中国出版"走出去"的历史使命,它们在长年的对外交流合作中积累了海外开拓经验,赢得了海外合作伙伴的信任,在强大的国内市场支撑下拥有雄厚的海外拓展资金,它们之中不乏具有全球化战略眼光和先进管理才能的领导者和国际化、职业化的出版人才,拥有国际先进的经营理念和管理思维,树立起具有一定国际影响力的企业品牌或图书品牌,以上都是决定一个教材本土化项目成败的关键因素。因此,国际化、外向型的中国出版企业对实现教材本土化发挥着重要作用。

近年来,培生教育、圣智出版等国外大型出版社也独立出版了一些中文教材。但是,从国家战略、企业战略的角度来看,由于许多国家和地区对中文的需求仍然有限,市场范围依然狭小,因此它们没有把中文教材作为其本土经营重点,也没有在中文教材推广上投入很大。再者,国外出版物难免在意识形态、领土、宗教等敏感问题上与我国立场不一致,或过度渲染中国国情中消极、落后的方面,不符合我国外宣政策和中文推广宗旨。由此看来,中国出版企业理当成为中文教材本土化事业的主力军。

(二)以商业眼光洞察需求型教材市场

需求是教材推广的动力源泉,没有市场需求,推广无从谈起,也毫无意义。《体验汉语》走进泰国,走的是市场化、商业化的路子,不同于国家投资、政府采购、赠送之类的模式。企业作为经营主体必须按照市场规律办事,以盈利为诉求,其基础是要锁定有需求的市场。泰国的中文热带动中文市场的日益繁荣,泰国学习中文的人数10年增长20多倍,泰国是接收国际中文教师志愿者人数最多的国家①。与马来西亚、印度尼西亚、新加坡等东南亚国家不同,泰国政府对中文教学采取的是鼓励的政策、开放的态度,欢迎中国政府、中国企业与之合作。这些都营造了良好的投资环境,也是《体验汉语》能够顺利进入该国国民教育体系的前提。实施教材本土化的市场化模式要求全面调研市场前景,综合评估市场潜力,理性认识实际的困难和解决途径。

(三)政策导向和市场运作的良性互动

2006年,我国教育部提出实施六大转变,其中两条为:"推广机制从教育系统内推进向系统内外、政府民间、国内国外共同推进转变;推广模式从政府行政主

---

① 吴应辉:《国际汉语教学学科建设及汉语国际传播研究探讨》,《语言文字应用》2010年第3期。

导为主向政府推动的市场运作转变。"在《体验汉语》项目中,多方在磨合与适应中探索出一套良性互动的工作机制。出版企业是真正的项目主体,担起"走出去"重任,参与国际合作。政府部门转变职能和管理方式,中国新闻出版总署始终坚持"政府资助、企业运作"的机制,为企业营造了良好的海外发展空间。中泰两国教育部锦上添花,把握政策方向,给予鼓励和扶持。这种机制有三点益处:第一,有利于企业按照市场规则运作,符合国际惯例。第二,淡化中文推广中的政治色彩。第三,多方互惠合作、各取所需、实现共赢。可见,这种机制真正实现了"政府民间、国内国外共同推进"和"政府推动下的市场运作"的巨大转变,形成政策导向和市场运作的良性互动,充分调动各方积极性,有利于项目可持续性发展。

(四)国际合作出版实现优势互补

通过合作出版实现教材本土化不乏成功的先例。外研社与朗文出版社合作出版的《新概念英语》多年来一直经久不衰,在中国本土赢得了市场认可和销售佳绩。实践证明,国际合作出版有利于中国出版企业了解国际图书市场的需求,为我所用;有利于借助对方的发行销售渠道,使图书进入本土市场;有利于树立出版企业或出版物在国际上的知名度;此外,国际合作出版也可以获得较高且稳定的经济效益。中泰出版社的携手合作充分证明了以上观点,该项目借助泰国本土品牌合作者,实现了本土化出版,提升了市场影响力,增强了教材的传播效果,实现优势互补,达到双赢。合作出版中选择合作伙伴成为其关键所在,应对其出版社规模、出版方向、出版质量、国际信誉、国内渠道等加以综合考量,慎重选择。

(五)注重研发环节的内容本土化

"内容为王"是当今几乎每个媒介经营者都信奉的真理。研发优质内容是出版活动的核心,也是出版产业链的高端环节。内容本土化的成败决定了该教材在当地是口碑相传还是非议不断,是卖点还是败笔,直接影响教材的营销推广。因此每一个教材本土化项目都应不遗余力地追求内容本土化的尽善尽美。在选题策划、内容编写、活动设计、美工配图、版式设计、封面设计、编辑加工等环节,呈现出符合本土教学理念、具有鲜明本土特色、针对性强、适用面广、具有量身定做特质的教材。

短短六年间,《体验汉语》在泰国快速覆盖全国中小学,是教材本土化的一次创新性实践和探索。然而教材是在使用中不断完善的,尽管《体验汉语》在内容本土化上作出了一定的努力,所有内容都经泰国教育部聘请的泰籍中文专家审定,但是从教材分析和使用反馈中仍然可以发现进一步提升本土化的空间。比如由于中泰语言对比不够充分,因此教材中语音部分的本土化还有待加强;语法、词汇和汉字教学的本土化尚有欠缺。目前,主创团队正在积极搜集整理客户回馈,以期在教材修订时对这些问题一并完善。

吴应辉提出:"汉语国际传播的成功程度,主要体现在汉语进入国民教育体系的程度。"①《体验汉语》进入泰国国民教育体系充分证明其本土化传播的效果,其成功的因素可以归结为五"有":有经营主体、有市场需求、有运作机制、有合作伙伴、有特色产品。这为今后教材本土化项目运作提供了宝贵经验。然而,这个案例虽然有一定的借鉴意义,但是面对全球各异的中文教材市场,还需要坚持对具体问题具体分析的原则。展望未来,随着中国出版"走出去"步伐的不断加快,越来越多的中国出版企业将通过新设、并购、合作等方式,在海外设点、办社、办厂、开店,建立营销网络、发行渠道和服务机构,最终解决教材本土化的问题,实现教材广覆盖,助推中文加快走向世界。

---

① 吴应辉:《国际汉语教学学科建设及汉语国际传播研究探讨》,《语言文字应用》2010 年第 3 期。

参考文献

▶中文著作

[1]曾天山著.教材论[M].南昌:江西教育出版社,1997.

[2]陈月茹著.中小学教科书改革研究[M].北京:教育科学出版社,2009.

[3]程晓堂著.任务型语言教学[M].北京:高等教育出版社,2004.

[4]邓卫编著.图书编校宝典[M].北京:新华出版社,2014.

[5]丁安琪,吴思娜著.汉语作为第二语言学习者实证研究[M].北京:世界图书出版公司北京公司,2011.

[6]方克立主编.中国哲学大辞典[M].北京:中国社会科学出版社,1994.

[7]龚亚夫,罗少茜编著.任务型语言教学(修订版)[M].北京:人民教育出版社,2003.

[8]郭纯洁著.有声思维在外语教学研究中的应用[M].北京:外语教学与研究出版社,2015.

[9]郭娟,蒋海燕著.人本主义活动在英语教学中的应用[M].北京:首都师范大学出版社,2005.

[10]蒋祖康编著.第二语言习得研究[M].北京:外语教学与研究出版社,1999.

［11］孔子学院总部,国家汉办编制.《国际中文教师证书》考试大纲解析［M］.北京:人民教育出版社,2015.

［12］李泉著.对外汉语教材通论［M］.北京:商务印书馆,2012.

［13］梁宇著.国际汉语教材评价理论与方法研究［M］.北京:中央民族大学出版社,2015.

［14］卢家楣著.情感教学心理学［M］.上海:上海教育出版社,2000.

［15］邱均平编著.文献计量学［M］.北京:科学技术文献出版社,1988.

［16］李艳,贺宏志主编.北京语言生活状况报告［M］.北京:商务印书馆.2018.

［17］施良方著.学习论——学习心理学的理论与原理［M］.北京:人民教育出版社,1994.

［18］吴勇毅编.对外汉语教学法［M］.北京:商务印书馆,2012.

［19］中国大百科全书出版社编辑部编.中国大百科全书:教育［M］.北京:中国大百科全书出版社,1985.

［20］朱晓燕著.外语教师如何开展小课题研究:实际操作指南［M］.北京:外语教学与研究出版社,2013.

▶中文期刊

［1］安然,魏先鹏.孔子学院跨文化传播模式研究［J］.对外传播,2015(01):53－55.

［2］本刊综合.习近平在中国科学院第十九次院士大会、中国工程院第十四次院士大会开幕会上发表重要讲话瞄准世界科技前沿引领科技发展方向 抢占先机迎难而上建设世界科技强国［J］.中国纪检监察,2018(11):2.

［3］蔡丽.印尼正规小学华文教材使用及本土华文教材编写现状研究［J］.华文教学与研究,2011(03):14－22.

［4］曾天山.教材发展的比较研究［J］.西北师大学报(社会科学版),1994(04):52－57＋85.

［5］陈琳.真实材料兴趣自读在外语学习中的作用［J］.外语界,1996(03):15－20.

［6］陈先红,宋发枝."讲好中国故事":国家立场、话语策略与传播战略［J］.现代传播(中国传媒大学学报),2020,42(01):40－46+52.

［7］陈晓蕾.海外华文教材研究状况述评［J］.海外华文教育,2015(02):246－254.

［8］陈友明.印尼三语学校华文教学考察探析［J］.汉语国际传播研究,2014(02):200－212+220.

［9］陈之权.新加坡华文教学新方向——"乐学善用"的实施思考［J］.华文教学与研究,2013(04):11－20+58.

［10］程相文.汉语作为第二语言教材发展的三种形态［J］.语言教学与研究,2004(01):30－39.

［11］程晓堂,鲁子问,钟淑梅.任务型语言教学在英语教学中的应用［J］.山东师范大学外国语学院学报(基础英语教育),2007(06):3－8.

［12］代悦,张永红.文化自信与国家形象的逻辑关系［J］.人民论坛,2019(26):140－141.

［13］丁安琪.中外合作:汉语教材国际推广的重要途径［J］.国际汉语教学研究,2015(02):8－10.

［14］董明,桂弘.谈谈好教材的标准［J］.语言文字应用,2005(S1):66－68.

［15］杜雁芸.国家形象的内涵及中国国家形象塑造［J］.南京政治学院学报,2008(04):60－63.

［16］樊小玲.汉语教科书话语实践的功能维度与中国形象的传播［J］.现代传播(中国传媒大学学报),2019,41(10):72－76.

［17］范常喜,杨峥琳,陈楠等.国际汉语教材发展概况考察——基于"全球汉语教材库"的统计分析［J］.国际汉语,2012(00):1－7+137.

［18］范红.国家形象的多维塑造与传播策略［J］.清华大学学报(哲学社会科学版),2013,28(02):141－152+161.

[19]方丽娜.国别化教材的设计与编写——以《悦读华文,细品文化》为例[J].国际汉语学报,2010,1(00):45 – 57.

[20]方文礼.意义协商与外语焦点式任务型教学[J].外语与外语教学,2005(01):23 – 27.

[21]冯丽萍.泰国中学汉语教材需求分析与教材编写设计[J].云南师范大学学报(对外汉语教学与研究版),2014,12(02):12 – 16.

[22]高一虹,李莉春,吕王君.中、西应用语言学研究方法发展趋势[J].外语教学与研究,1999(02):8 – 16.

[23]高永安.十年来孔子学院的布局及其相关性报告[J].华南师范大学学报(社会科学版),2014(05):55 – 59 + 162.

[24]韩明.东南亚汉语教材使用现状调查研究[J].国家教育行政学院学报,2012(03):84 – 90.

[25]何安平.语料库辅助的基础英语教材分析[J].课程.教材.教法,2007(03):44 – 49.

[26]黄伯飞.四十年代以来在美国所用的汉语汉文教材[J].语言教学与研究,1980(04):135 – 139.

[27]黄金城.加拿大阿尔伯塔省中小学汉语教材的评审和选用[J].国际汉语教育,2011(01):27 – 34 + 97.

[28]黄湄.优化孔子学院布局 助力"一带一路"建设[J].中国高等教育,2017(24):52 – 53.

[29]蒋重母,邓海霞,付金艳.老挝汉语教学现状研究[J].东南亚研究,2010(06):84 – 91.

[30]柯清超,林健,马秀芳,鲍婷婷.教育新基建时代数字教育资源的建设方向与发展路径[J].电化教育研究,2021,42(11):48 – 54.

[31]李宝贵.新时代孔子学院转型发展路径探析[J].云南师范大学学报(哲学社会科学版),2018,50(05):27 – 35.

[32]李东伟,吴应辉.汉语国际教育本硕博教育体系建构及其演变[J].贵州

师范大学学报(社会科学版),2024(03):74-83.

[33]李炯英,林生淑.国外二语/外语学习焦虑研究30年[J].国外外语教学,2007(04):57-63.

[34]李明.近20年短期速成初级汉语教材发展概览[J].云南师范大学学报(对外汉语教学与研究版),2007(03):8-13.

[35]李培元,赵淑华,刘山,等.编写《基础汉语课本》的若干问题[J].语言教学与研究,1980(04):140-156+42.

[36]李泉.近20年对外汉语教材编写和研究的基本情况述评[J].语言文字应用,2002(03):100-106.

[37]李泉.文化教学的刚性原则和柔性策略[J].海外华文教育,2007(04):11-16+32.

[38]李泉.文化内容呈现方式与呈现心态[J].世界汉语教学,2011,25(03):388-399.

[39]李泉,金香兰.论国际汉语教学隐性资源及其开发[J].语言教学与研究,2014(02):26-34.

[40]李泉.国际汉语教学的语言文字标准问题[J].语言教学与研究,2015(05):1-11.

[41]李庆霞.论全球化与本土化的文化冲突[J].求是学刊,2003(06):29-34.

[42]李霄翔,鲍敏.大学英语教材中多维信息流建构研究——一个基于连接主义和体验哲学的视角[J].中国外语,2009,6(05):82-88.

[43]李小凤.东南亚华文教材使用状况调查及当地化探讨[J].海外华文教育,2016(05):598-605.

[44]连大祥,王录安,刘晓鸥.孔子学院的教育与经济效果[J].清华大学教育研究,2017,38(01):37-45.

[45]梁宇.《体验汉语中小学系列教材》在泰国的快速推广对国际汉语教材本土化的启示[J].汉语国际传播研究,2012(01):14-22.

[46]梁宇.试论国别汉语教材的适配性[J].中国编辑,2017(02):38-44.

[47]梁宇.东南亚汉语教材发展评估的国别比较研究[J].民族教育研究,2017,28(05):113-121.

[48]廖山漫.美国中小学汉语课程设置模式探讨[J].汉语国际传播研究,2011(02):52-59.

[49]刘汉武.越南汉语教材的现状及编写建议[J].现代语文(语言研究版),2011(09):116-118.

[50]刘弘,包蓓益.日本学生对于汉语教材编写形式的偏好研究——以福冈大学为例[J].国际汉语教育,2012(01):158-168+213.

[51]刘弘,蒋内利.近十年对外汉语教材研究特点与趋势分析[J].国际汉语教学研究,2015(01):55-62.

[52]刘华,王敏.汉语移动学习App现状与需求调查研究[J].海外华文教育,2020(02):25-41.

[53]刘帅奇,吴应辉.国际中文教育类型体系构建[J].四川师范大学学报(社会科学版),2024,51(02):145-153+206-207.

[54]刘小燕.关于传媒塑造国家形象的思考[J].国际新闻界,2002(02):61-66.

[55]刘援.让英语语言能力在"体验"中升华[J].中国大学教学,2003(07):43-44.

[56]卢达威,洪炜.汉语国际教育信息化的发展与展望[J].语言教学与研究,2013(06):23-31.

[57]鲁子问.任务型英语教学简述[J].学科教育,2002(06):26-30.

[58]马箭飞,梁宇,吴应辉,等.国际中文教育教学资源建设70年:成就与展望[J].天津师范大学学报(社会科学版),2021(06):15-22.

[59]孟春国,陈莉萍.走向多元融合的研究范式——中外应用语言学与外语教学期刊的载文分析[J].外语界,2015(01):2-11.

[60]彭飞,马励励.国际汉语教材中的城市形象研究——以北京和上海为中

心[J].海外华文教育,2019(04):20-29.

[61]钱旭菁.外国留学生学习汉语时的焦虑[J].语言教学与研究,1999(02):144-155.

[62]邵明明.近二十年对外汉语教材研究综述[J].国际汉语教育(中英文),2017,2(01):100-107.

[63]沈毅,陈丽梅.东南亚国家汉语教材建设发展战略[J].云南师范大学学报(对外汉语教学与研究版),2014,12(03):39-44.

[64]盛译元,匡伟.2005年以来国内汉语教材研究的现状与问题[J].哈尔滨学院学报,2012,33(08):94-98.

[65]孙德安.文莱华教之现状[J].暨南大学华文学院学报,2003(04):13-15+38.

[66]王鸿滨,杨瑶.面向汉语国际教育课外分级读物考察[J].华文教学与研究,2021(03):51-60+69.

[67]王辉,陈阳.基于大数据的"一带一路"沿线国家孔子学院分布研究[J].云南师范大学学报(对外汉语教学与研究版),2019,17(01):10-24.

[68]王立非,袁凤识,朱美慧,等.体验英语学习的二语习得理论基础[J].中国外语,2009,6(05):76-81+106.

[69]王宁.全球化和本土化的对立与对话[J].马克思主义与现实,1998(06):43-45;

[70]王攀峰,宋雅琴.论教科书的内涵与属性[J].当代教育科学,2018(01):7-12.

[71]王铨,刘清涛.多媒体技术在对外汉语教学中的应用[J].外语电化教学,1995(03):32-33.

[72]王世友.课程论视域下的国际中小学汉语教材研发[J].课程.教材.教法,2019,39(02):86-91.

[73]吴思娜.外国留学生听力课堂活动与教材需求分析[J].汉语学习,2013(01):89-95.

[74]吴应辉.关于孔子学院整体可持续发展的一个战略设想[J].云南师范大学学报(对外汉语教学与研究版),2009,7(01):23-26.

[75]吴应辉,龙伟华,冯忠芳,等.泰国促进汉语教学,提高国家竞争力战略规划[J].国际汉语教育,2009(01):39-47.

[76]吴应辉.越南汉语教学发展问题探讨[J].汉语学习,2009(05):106-112.

[77]吴应辉.国际汉语教学学科建设及汉语国际传播研究探讨[J].语言文字应用,2010(03):35-42.

[78]吴应辉.关于国际汉语教学"本土化"与"普适性"教材的理论探讨[J].语言文字应用,2013(03):117-125.

[79]吴中伟.输入、输出和任务教学法[J].华东师范大学学报(哲学社会科学版),2008(01):109-113.

[80]伍奇,施惟达.越南汉语教学考察[J].云南师范大学学报(对外汉语教学与研究版),2008(03):84-88.

[81]邢欣,宫媛."一带一路"倡议下的汉语国际化人才培养模式的转型与发展[J].世界汉语教学,2020,34(01):3-12.

[82]徐娟,史艳岚.十年来数字化对外汉语教学发展综述[J].现代教育技术,2013,23(12):54-58.

[83]徐娟.从计算机辅助汉语学习到智慧汉语国际教育[J].国际汉语教学研究,2019(04):77-83.

[84]叶成林,徐福荫,许骏.移动学习研究综述[J].电化教育研究,2004(03):12-19.

[85]叶子.汉语国际推广背景下的教材建设与出版[J].语言文字应用,2006(S1):99-103.

[86]应学凤.汉语国际推广背景下对外汉语教材数字出版转型探析[J].中国出版,2012(19):37-40.

[87]于锦恩.民国时期华文教育本土化探析——以国语文教材的编写为视

角[J].华侨华人历史研究,2014(03):51 - 58.

[88]于锦恩,谷阳.民国时期大陆学人所编东南亚华校国语教材的特点——以沈百英所编华校国语文教材为例[J].海外华文教育,2015(02):235 - 245.

[89]于锦恩.民国时期东南亚人士编写的国语(华语)教材研究[J].华文教学与研究,2015(04):89 - 95.

[90]张道民.元研究与反思方法及其在软科学研究中的地位和作用[J].中国软科学,1991(03):32 - 37.

[91]张健.对外汉语教材出版及推广的探索与实践[J].中国出版,2011(19):31 - 33.

[92]张美兰.掌握汉语的金钥匙——论明清时期国外汉语教材的特点[J].国际汉学,2005(01):226 - 241.

[93]章新胜.加强汉语的国际传播促进多样文化的共同发展[J].求是,2005(16):45 - 48.

[94]赵寰宇.汉语教学"慕课"视频资源的开发与建设[J].现代交际,2014(01):201.

[95]赵金铭.论对外汉语教材评估[J].语言教学与研究,1998(03):4 - 19.

[96]赵新,李英.中级精读教材的分析与评估[J].语言文字应用,2006(02):112 - 118.

[97]赵新利.共情传播视角下可爱中国形象塑造的路径探析[J].现代传播(中国传媒大学学报),2021,43(09):69 - 74.

[98]赵杨."自我"与"他者"视角下的国际中文教育主体间性研究[J].民族教育研究,2021,32(05):170 - 176.

[99]郑通涛,蒋有经,陈荣岚.东南亚汉语教学年度报告之二[J].海外华文教育,2014(02):115 - 133.

[100]郑艳群.汉语教学资源研究的新进展与新认识[J].语言文字应用,2018(03):106 - 113.

[101]钟文娟.基于普赖斯定律与综合指数法的核心作者测评——以《图书

馆建设》为例[J].科技管理研究,2012,32(02):57-60.

[102]钟志贤,张琦.我国教育信息化发展历程回眸[J].中国教育信息化,2007(12):8-11.

[103]周小兵,张哲,孙荣,等.国际汉语教材四十年发展概述[J].国际汉语教育(中英文),2018,3(04):76-91.

[104]朱勇,张舒.国际汉语教材中国人物形象自塑研究[J].华文教学与研究,2018(03):24-30+54.

[105]祝智庭,管珏琪,丁振月.未来学校已来:国际基础教育创新变革透视[J].中国教育学刊,2018(09):57-67.

[106]庄国土.东南亚华侨华人数量的新估算[J].厦门大学学报(哲学社会科学版),2009(03):62-69.

[107]宗世海,王妍丹.当前印尼华文师资瓶颈问题解决对策[J].暨南大学华文学院学报,2006(02):1-9.

[108]宗世海,刘文辉.印尼华文教育政策的历史演变及其走向预测[J].暨南大学华文学院学报,2007(03):1-9+18.

▶中文学位论文

[1]林敏.以学习者为评估者的对外汉语教材评估模式研究[D].华东师范大学,2006.

[2]赵紫荆(KHIN KHIN TUN).缅甸汉语教学类型及地理分布研究[D].中央民族大学,2015.

[3]宁继鸣.汉语国际推广:关于孔子学院的经济学分析与建议[D].山东大学,2006年.

[4]陈灵芝(TRAN LINH CHI).汉语国际传播视角下的越南高校汉语教学发展研究[D].中央民族大学,2016.

▶中文报纸

[1]郭熙,林瑀欢.明确"国际中文教育"的内涵和外延[N].中国社会科学

报,2021-03-16(A03).

[2]王素,姜晓燕,王晓宇.全球"数字化"教育在行动[N].中国教育报,2019-11-15(第05版:环球周刊).

[3]越南教育部门提议将汉俄日语列初级教育第一外语[N].联合早报,2016-09-28.

[4]周小兵.加强东南亚汉语人才培养与教材研发[N].中国社会科学报,2017-12-07(6).

►中文技术标准类

[1]中华人民共和国教育部办公厅.国家教育数字化战略行动通用术语规范(第一辑)[S].2022-07-15.

►中文会议论文

[1]徐弘,冯睿.北美汉语教材的使用——教师和学生选择教材的标准[A].第八届国际汉语教学讨论会论文选[C].北京:高等教育出版社,2005.

[2]张普.论汉语信息处理技术与对外汉语教学[A]世界汉语教学学会.第三届国际汉语教学讨论会论文选[C].北京语言学院,1990.

►中文网络资源

[1]196个国家和地区的49.22万名留学生去年来华留学[EB/OL].https://www.gov.cn/xinwen/2019－06/03/content_5397181.htm,2019－06－03.

[2]参见中国新闻网新闻[EB/OL].https://www.chinanews.com/hr/2019/12－09/9029061.shtml,2019－12－09.

[3]参访中华人民共和国教育部,董总主席天猛公拿督刘利民讲词.董教总官网[EB/OL].http://www.dongzong.my/detail－declare.php?id＝700,2016－08－30.

[4]习近平:建设社会主义文化强国着力提高国家文化软实力[EB/OL].http://www.xinhuanet.com/politics/2013－12/31/c_118788013.htm,2013－12－31.

[5]习近平主持中共中央政治局第十二次集体学习并发表重要讲话[EB/OL]. http://www. gov. cn/xinwen/2019 – 01/25/content_5361197. htm,2019 – 01 – 25.

[6]习近平主持中共中央政治局第三十次集体学习并讲话[EB/OL]. http://www. xinhuanet. com/politics/2013 – 12/31/c_118788013. htm,2021 – 06 – 01.

[7]新闻出版广电总局教育部发展改革委关于印发《中小学教辅材料管理办法》的通知[EB/OL]. https://www. gov. cn/gongbao/content/2016/content_5033913. htm,2015 – 08 – 03.

[8]中华人民共和国教育部孔子学院发展(2012—2020 年)[EB/OL]. http://www. moe. gov. cn/jyb_xwfb/gzdt_gzdt/s5987/201302/t20130228_148061. html,2013 – 02 – 28.

[9]中华人民共和国中央人民政府.上海合作组织青岛峰会举行习近平主持会议并发表重要讲话[EB/OL]. http://www. gov. cn/xinwen/2018 – 06/10/content_5297682. htm#1,2018 – 06 – 10.

▶教材

[1]陈作宏.体验汉语写作教程[Z].北京:高等教育出版,2006.

▶外文专著

[1]海伦娜·柯顿(Helena Curtain),卡罗尔·安·达尔伯格(Carol Ann Dahlberg)著.唐睿等译.语言与儿童:美国中小学外语课堂教学指南[M].北京:外语教学与研究出版社,2011.

[2]霍华德·加德纳(Howard Gardner)著.多元智能新视野[M].北京:中国人民大学出版社,2008.

[3]约翰·杜威(John Dewey)著.姜文闵译.我们怎样思维经验与教育[M].北京:人民教育出版社,1991.

[4]坎宁斯沃思(Alan Cunningsworth)著.如何选择教材[M].上海:上海外语教育出版社,2002.

[5]Ellis,R. Task-Based Language Learning and Teaching[M]. Oxford:Oxford University Press,2003.

[6]Kolb,D. A. Experiential Learning:Experience as the Source of Learning and Development[M]. New Jersey:Prentice Hall,1984.

[7]McDonough,J. ,& Shaw,C. Materials and Methods in ELT:A Teacher's Guide(2nd edn)[M]. Oxford:Blackwell,2003.

[8]Nunan,D. Designing Tasks for the Communicative Classroom[M]. Cambridge:Cambridge University Press,1989.

[9]Richards,J. C. Communicative Language Teaching Today[M]. Cambridge:Cambridge University Press,2006.

[10]Tomlinson,B. English Language Learning Materials:A Critical Review[M]. London:Continuum,2008.

[11]Willis,J. R. A Framework for Task-Based Learning[M]. Essex:Pearson Education,2004.

►**外文期刊**

[1] Curdt-Christiansen, X. L. Reading the World Through Words:Cultural Themes in Heritage Chinese Language Textbooks[J]. Language and Education,2008,22(2):95 –113.

[2]Gholami,R. ,Noordin,N. ,& Rafik-Galea,S. A Thorough Scrutiny of ELT Textbook Evaluations:A Review Inquiry[J]. International Journal of Education and Literacy Studies,2017,5(3):82 –91.

[3]Lee,J. F. Gender Representation in Japanese EFL Textbooks – A Corpus Study[J]. Gender and Education,2016,30(3):379 –395.

[4]Litz,D. R. A. Textbook Evaluation and ELT Management:A South Korean Case Study[J]. Asian EFL Journal,2005,48(1):1 –53.

[5]Lo,T. Y. ,& Pan,S. ,Confucius Institutes and China's Soft Power:Practices

and Paradoxes[J]. Compare：A Journal of Comparative and International Education，2014,46(4):512 -532.

[6]Martin, I. M. , & Eroglu, S. A. Measuring a Multi-Dimensional Construct：Country Image[J]. Journal of Business Research,1993,28(03):191 -210.

[7]Mukundan,J. ,Evaluation of English Language Textbooks：Some Important Issues for Consideration[J]. Journal of Nelta,2010,12(1):80 -84.

[8]Paradise,J. F. China and International Harmony：The Role of Confucius Institutes in Bolstering Beijing's Soft Power[J]. Asian Survey,2009,49(4):647 -669.

[9]Richards,J. C. ,Platt,J. T. ,Weber,H. ,&Inman,P. ,Longman Dictionary of Applied Linguistics[J]. RELC Journal,1986,17:105 -110.

[10]Richey,R. C. ,Reflections on the 2008 AECT Definitions of the Field. Tech Trends,2008,52(1),24 -25.

[11]Setyono,B. ,& Widodo,H. P. The Representation of Multicultural Values in the Indonesian Ministry of Education and Culture-Endorsed EFL Textbook：A Critical Discourse Analysis[J]. Intercultural Education,2019,30(4):383 -397.

[12]Wang,D. ,& Gritter,K. Learning or Becoming：Ideology and National Identity in Textbooks for International Learners of Chinese[J]. Cogent Education,2016,3(1):1140361.

[13]Weninger,C. ,& Kiss,T. Culture in English as a Foreign Language (EFL) Textbooks：A Semiotic Approach[J]. TESOL Quarterly,2013,47:694 -716.

[14]Xiong,T. ,& Yuan,Z. M. "It Was Because I Could Speak English That I Got the Job"：Neoliberal Discourse in a Chinese English Textbook Series[J]. Journal of Language,Identity &Education,2018,17(2):103 -117.

[15]Okubo,Y. Bibliometric Indicators and Analysis of Research Systems：Methods and Examples[J]. Technology and Industry Working Papers,1997,No. 1997/01, Paris：OECD Publishing.

▶**外文学位论文**

[1]Camase,G. The Ideological Construction of a Second Reality:A Critical Analysis of aRomanian EFL Textbook[D]. Unpublished Ph. D. Thesis at University of Toronto (Canada),2009.

▶**外文论文集论文**

[1]Byrd,P. ,& Celce-Murcia,M. ,Textbooks:Evaluation for Selection and Analysis for Implementation[C]//Ed. Celce-Murcia,M. Teaching English as a Second or Foreign Language. Stamford:Cengage Learning,2001:415 – 427.

[2]Chun,C. W. The'Neoliberal Citizen':Resemiotising Globalised Identities in EAP Materials[C]//Ed. Gray,J. Critical Perspectives on Language Teaching Materials. London:Palgrave Macmillan,2013:64 – 87.

[3] Mukundan, J. , & Ahour, T. A Review of Textbook Evaluation Checklist Across four Decades (1970—2007)[C]//Ed. Tomlinson,B. Research for Material Development in Language Learning. London:Continuum,2010:336 – 352.

[4]Rubdy,R. Selection of Materials[C]//Ed. Tomlinson,B. Developing Materials for Language:Teaching. London:Continuum,2003:37 – 57.

[5]. Tomlinson,B. Principles of Effective Materials Development[C]//Ed. Harwood,N. English Language Teaching Materials:Theory and Practice. Cambridge:Cambridge University Press,2010:81 – 108.

[6]Tomlinson,B. Materials Evaluation[C]//Ed. Tomlinson,B. Developing Materials for Language Teaching. London:Continuum,2013:15 – 36.